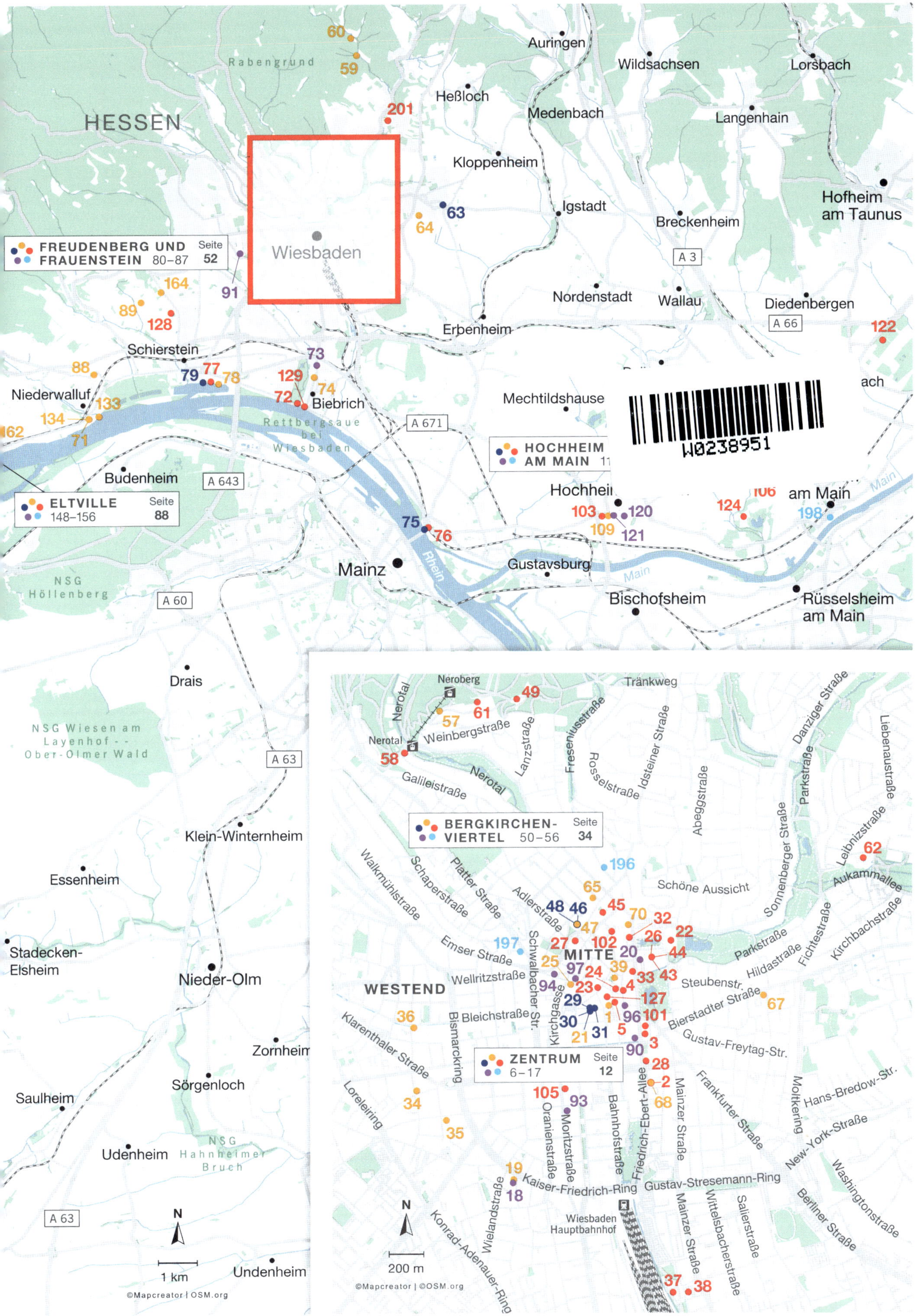
HESSEN
Rabengrund
Wiesbaden
Auringen
Wildsachsen
Lorsbach
Heßloch
Medenbach
Langenhain
Kloppenheim
Igstadt
Breckenheim
Hofheim am Taunus
A 3
Nordenstadt
Wallau
Diedenbergen
Erbenheim
A 66
FREUDENBERG UND FRAUENSTEIN 80–87 Seite 52
Schierstein
Niederwalluf
Biebrich
Rettbergsaue bei Wiesbaden
A 671
Mechtildshause
HOCHHEIM AM MAIN
Hochheim
am Main
Main
Budenheim
A 643
ELTVILLE 148–156 Seite 88
Mainz
Rhein
Gustavsburg
Bischofsheim
Rüsselsheim am Main
NSG Höllenberg
A 60
Drais
NSG Wiesen am Layenhof - - Ober-Olmer Wald
A 63
Klein-Winternheim
Essenheim
Stadecken-Elsheim
Nieder-Olm
Zornheim
Sörgenloch
Saulheim
Udenheim
NSG Hahnheimer Bruch
Undenheim
N
1 km
©Mapcreator | OSM.org
Neroberg
Nerotal
Tränkweg
Weinbergstraße
Lanzstraße
Freseniusstraße
Rosselstraße
Idsteiner Straße
Galileistraße
Abeggstraße
Danziger Straße
Parkstraße
Sonnenberger Straße
Liebenaustraße
Leibnizstraße
Aukammallee
BERGKIRCHENVIERTEL 50–56 Seite 34
Schöne Aussicht
Walkmühlstraße
Schaperstraße
Platter Straße
Adlerstraße
Emser Straße
Schwalbacher Str.
MITTE
Kirchbachstraße
Fichtestraße
Hildastraße
Parkstraße
WESTEND
Wellritzstraße
Kirchgasse
Steubenstr.
Bierstadter Straße
Bleichstraße
Bismarckring
Klarenthaler Straße
Gustav-Freytag-Str.
ZENTRUM 6–17 Seite 12
Loreleiring
Oranienstraße
Moritzstraße
Bahnhofstraße
Friedrich-Ebert-Allee
Mainzer Straße
Frankfurter Straße
Moltkering
Hans-Bredow-Str.
New-York-Straße
Washingtonstraße
Kaiser-Friedrich-Ring
Gustav-Stresemann-Ring
Wielandstraße
Konrad-Adenauer-Ring
Wiesbaden Hauptbahnhof
Wittelsbacherstraße
Salierstraße
Berliner Straße
200 m
©Mapcreator | ©OSM.org

Wo es gut riecht und gut schmeckt:
Der Wochenmarkt ist ein beliebter
Treffpunkt vor dem Rathaus

01

01-38
Zentrum & Westend

WOCHENMARKT · MUSEUM WIESBADEN· CALIGARI
TOUR MIT DOMINIK HOFMANN · SCHÖNWETTERFRONT
FRAU KREUTER · KLASSIKER · MUSEUM REINHARD ERNST
PEARLS SEKTMANUFAKTUR · SPA IM NASSAUER HOF
CAFÉ KLATSCH · SCHLACHTHOF WIESBADEN

Bauten im Jugendstil und aus der Gründerzeit geben der Landeshauptstadt ein staatstragendes Antlitz. Dahingegen gilt das Westend als quirliges Viertel, in dem es sich genussvoll leben lässt

---

Kulinarischer Mikrokosmos

In Wiesbaden gibt es einen Ort, an dem man alles erfährt, was man über die Region wissen muss. Wie sie riecht, klingt, und vor allem wie sie schmeckt. Dieser Ort ist der **Wochenmarkt** auf dem Dern'schen Gelände neben dem Rathaus. Wer hier an einem Mittwoch- oder Samstagvormittag zwischen den Ständen umherschlendert, kann die kulinarische Vielfalt der Region entdecken. Was dabei natürlich nicht fehlen darf ist Wein. Der Weinstand an der Südseite des Marktes wird vom Wiesbadener Winzer e.V. verwaltet und stellt jede Woche einen anderen Produzenten aus der Region vor. Damit der Wein nicht auf einen nüchternen Magen trifft, gibt es hier auch den »Schlemmerplatz« mit vielen gastronomischen Angeboten. Das Dern'sche Gelände ist außerdem eine hervorragende Ausgangsposition für Entdeckungstouren durch die Mauergasse oder zum markanten Turm der Marktkirche. An der Ostseite des Platzes: die Tourist Information.
Marktplatz, www.tourismus.wiesbaden.de

FOTO: GEORG KNOLL

MUSEUM WIESBADEN

Die neue Jugendstil-Sammlung gilt als eine der besten Europas

02

Den jüngsten Coup des Museums findet man im Südflügel: Die hochkarätige Jugendstil-Sammlung, die das Haus dem Mäzen Ferdinand Wolfgang Neess verdankt, gilt als eine der wertvollsten in Europa. Zu den **mehr als 500 Werken** gehören neben über 90 Gemälden, darunter Bilder von Franz von Stuck und Edward Burne-Jones, Glasobjekte, Möbel und Skulpturen, die zeigen, wie vielfältig dieser Stil aus der Zeit um 1900 war. Gut zum von der Natur inspirierten Jugendstil passt die naturhistorische Abteilung. Und in der Ausstellung zur Klassischen Moderne werden zahlreiche Gemälde des russischen Expressionisten Alexej von Jawlensky präsentiert, der 1921 nach Wiesbaden kam und hier bis zu seinem Tod lebte.

Friedrich-Ebert-Allee 2
www.museum-wiesbaden.de

WERKE AUS DER GEGENWART

03 NASSAUISCHER KUNSTVEREIN

Nur vier Minuten zu Fuß vom Museum Wiesbaden entfernt liegt dieses Forum für junge und internationale Künstlerinnen und Künstler. Gegründet wurde es vor fast 180 Jahren von engagierten Bürgern des damaligen Herzogtums Nassau.

Wilhelmstr. 15
www.kunstverein-wiesbaden.de

CALIGARI

Der richtige Ort für Kino-Nostalgiker und Film-Nerds

04

FOTOS: BERND FICKERT/MUSEUM WIESBADEN, GEORG KNOLL

Es ist kaum verwunderlich, dass es in einer Stadt, die einen so berühmten Filmschaffenden hervorgebracht hat, auch ein ganz besonderes Kino gibt. Als »ein Juwel unter den deutschen Lichtspielhäusern« pries Regie-Legende Volker Schlöndorff die Caligari-Filmbühne in seiner Geburtsstadt. 1926 als Stummfilmtheater in der Stadtmitte erbaut, bietet der **in den Fünfzigern umgestaltete Kinosaal** heute verschiedenen Initiativen und Veranstaltungen einen stilvollen Rahmen für Dokumentationen, Arthouse-Produktionen und Events wie Stummfilmabende mit Livemusik. Ein Highlight ist das Deutsche Fernsehkrimi Festival, dessen jährliche Preisverleihung Fernsehstars aus ganz Krimi-Deutschland anzieht.

Marktplatz 9
www.wiesbaden.de/caligari

MEHR SCHMUCKSTÜCKE

05

SAM STADTMUSEUM

Das denkmalgeschützte Gewölbe unter dem Dern'schen Gelände ist an sich schon ein historisches Highlight. Der Marktkeller beherbergt aber auch das »sam«, das Stadtmuseum am Markt. Wechselnde Ausstellungen illustrieren die Entwicklung Wiesbadens von der Frühgeschichte bis zur Gegenwart.

Marktplatz
www.wiesbaden.de/sam

Treffpunkt für angeregte Gespräche: der »Caspar Garten«

06-17

AUF TOUR MIT DOMINIK HOFMANN

Mit viel Energie und Leidenschaft baut Dominik Hofmann seit rund zehn Jahren in seiner Wahlheimat einen Kreativ-Hub auf. Natürlich kennt er sich in der Szene deswegen bestens aus. Uns verrät er seine Lieblingsadressen

Fetzige Beats und gute Stimmung: das »Badhaus«, laut Urkunde von 1520

Mann mit Ausdauer und Macherqualitäten: Dominik Hofmann

Auch Wiesbadener Nächte sind lang, etwa bei Livemusik im »Irish Pub«

06 **CAFÉ AHOÏ (EHEMALS: CAFÉ HEIMATHAFEN)**

Schönes Eckcafé für gemütliche Stunden.

Karlstr. 22, www.heimathafen-wiesbaden.de/cafe

07 **ALTES GERICHT: MIT HEIMATHAFEN & DELIKT**

Party- und Kulturort.

Gerichtsstr. 2 www.heimathafen-wiesbaden.de/altes-gericht

08 **VERACE**

Die Pizza ist spitze. Bitte reservieren!

Luisenstr. 25 www.cucinapopolare.de

09 **MARLEEN IM LILI**

Experimentallabor und Spielfläche für Kulturschaffende.

Bahnhofsplatz 3, www.liliwiesbaden.com/marleen

10 **HERZSCHNIDDE**

Ein Café im Container. Lässige und herzliche Location.

Geschwister-Stock-Platz 1

11 **BILDERWERFER FILMFEST**

Mitten in der Stadt, mitten im Sommer. Megacity-Feeling!

www.bilderwerfer.de

Hochheim – New York City – Wiesbaden: Als Junge aus der Kleinstadt hat mir NYC die Augen geöffnet, wie die kreative Klasse eine ganze Stadt voranbringen kann. Mit Gründergeist, Abenteuerlust und kreativen Ideen! Solche Menschen wollten wir vor rund zehn Jahren zusammenbringen – der **Heimathafen** war geboren, als Café und Co-Working Space in Wiesbadens Mitte. Das Café am ursprünglichen Ort gibt es immer noch, es heißt jetzt **ahoï** und liegt gleich um die Ecke. Der »Heimathafen« selbst ist weitergezogen und hat sich mal eben verzehnfacht: Im **Alten Gericht** entstand aus einem historischen Gebäude von 1897 ein echter Zukunftsort mit satten 2500 Quadratmeter Raum für Ideen. Ein »Abenteuerspielplatz für Große« mit Co-Working Space, Start-up-Hub, einem Café, Konferenz- und Eventräumen. Um die 30 Start-ups und Gründungen sind schon eingezogen. Im Erdgeschoss hat im einstigen Strafkammer-Saal das **Delikt** eröffnet, als Café und Tagesbar. Im Co-Working Space arbeiten Kreative und Solopreneure, in den Konferenzräumen workshoppen Firmen und Teams, im Gründer-Hub entstehen neue Unternehmen und Initiativen – und in den Kultur-Katakomben finden zunehmend Events und Ausstellungen statt. Unser Nachbar ist die Hochschule Fresenius mit rund 1200 Studierenden – dadurch entsteht hier ein richtiges Campus-Gefühl. 2024 soll das Ganze ins Quartier hinauswachsen. Die Gerichtsstraße soll zur Fußgängerzone umgewandelt werden – mit viel Grün, Kinderspielstationen und Gastronomie: eine urbane Oase mitten in der Stadt. In der Gegend hier zwischen Wiesbaden-Mitte und dem Hauptbahnhof war lange nicht viel los, aber jetzt entwickelt sie sich enorm: Der Italiener **Verace** in der Luisenstraße ist unter den vielen Newcomern schon fast ein Klassiker. Die neapolitanische Pizza, die dort aus einem riesigen, mit Gas befeuerten Ofen kommt, ist hervorragend, die Atmosphäre ist angeregt-entspannt. Es ist sinnvoll, zu reservieren.

Selbst das Shopping-Center **Lili** am Hauptbahnhof ist seit Sommer 2021 ein Ort kultureller Überraschungen: Mit dem **Marleen** hat das Kulturamt dort einen Freiraum für Kultur- und Kreativschaffende errichtet – Etablierten wie Newcomern. Kommerz ist ja oft das Gegenteil von Kultur – aber im »Marleen« trifft beides aufeinander, wenn direkt neben Ketten-Läden Performances, Lesungen und Konzerte stattfinden.

Gleich schräg gegenüber liegen die Herbert- und Reisinger-Anlagen, die Grünfläche zwischen Hauptbahnhof und dem – übrigens allein schon von außen sehenswerten – RheinMain CongressCenter (RMCC). Die Wiese ist im Sommer inzwischen sehr belebt und beliebt. Kaffee, Drinks und

Für Früh- und Spätstück oder als Event Location: Das Café »ahoi« erfüllt fast alle Wünsche

Snacks gibt es dort im Container-Café **Herzschnidde.** Sommer-Highlight ist das **Bilderwerfer Filmfest** im Juli und August: ein kostenloses Open-Air-Kino mitten in der Stadt! Ein weiterer Sweetspot für warme Tage ist der **Caspar Garten,** der nur etwa fünf Gehminuten vom RMCC entfernt liegt, wunderschön rund um einen Brunnen an der breiten, grünen Adolfsallee. Seit das legendäre Lokal »Sherry & Port« dort schließen musste, betreibt Boris Royko, der Sohn der ehemaligen Besitzer, diesen Biergarten weiter. Boris ist Teil einer neuen Gastronomen-Generation in Wiesbaden, die frischen Wind bringt: Gemeinsam mit Linda Zimmermann hat er auch das »Château Nero« auf dem Neroberg geschaffen (S. 38) – ein echtes Highlight mit Wahnsinnsausblick über die Stadt (siehe Titelfoto).
Linda Zimmermanns Bar **Heaven** ist ein kleines Stück New York in Wiesbaden: eine Bar wie in der Metropole. Nicht die einzige gute Adresse: Das **Riesling im Hindukusch** beweist, das Samosas und Currys mit deutschen Weinen und Gin zusammenpassen. Und in der Mitte des Ganzen haben alle gemeinsam in Co-Kreation den Kiezgarten geschaffen: ein vom Verkehr umflossenes Idyll im kleinen Park.
Wer von dort Richtung Herz der Stadt läuft, sollte unterwegs in der Hellmundstraße in einen Hinterhof abbiegen und bei den **Maldaner Coffee Roasters** einen Kaffee trinken. Sebastian Schulz, Sohn der Betreiber des legendären »Café Maldaner« (S. 19), röstet dort seit 2018 mit seinem Team in einer ehemaligen Schlosserei, der er den Industrie-Look gelassen hat. Freitags und samstags wird sie zum Pop-up-Café »Werkstatt 37«. Hier sind die neuen Wiesbaden-Vibes besonders gut zu spüren – und der Kaffee ist immer perfekt.
Die südländische Seite Wiesbadens erlebt man am besten in der Goldgasse: In einer Seitenstraße der Fußgängerzone reihen sich Restaurants und Kneipen aneinander. Im Sommer der ideale Ausgangspunkt für eine erlebnisreiche Nacht. Enden kann diese, je nach Geschmack, zum Beispiel bei ausgelassener Livemusik im **Irish Pub** am Michelsberg. Über eine Treppe gelangt man in den Keller, vollgepackt mit Schildern und Menschen unterschiedlichster Couleur, aber immer ein Stimmungsgarant. Auch abtauchen, aber ganz anders, kann man im **Badhaus 1520.** Es liegt hinter und »unter« der »Badhaus Bar« und bringt endlich einen großstädtischen Nachtclub in die beschauliche hessische Hauptstadt. Unterm »Badhaus« fließt noch eine der 26 Thermalquellen Wiesbadens, 1520 erstmals urkundlich erwähnt – daher der Name. Kur in Wiesbaden, das war einst High Society und Party. Und das alles kommt im »Badhaus 1520« nun wieder zusammen.

12 **CASPAR GARTEN**

Urbane Oase mitten in der Stadt.
Adolfsallee 11
www.sherry-und-port.de

13 **HEAVEN**

Wertige Drinks, begehrter Kicker-Tisch, beliebte Ping-Pong-Events.
Sedanplatz 5
www.heaven-bar.com

14 **RIESLING IM HINDUKUSCH**

Klingt schräg, aber was zählt: Es harmoniert. Köstlich!
Seerobenstr. 1
www.rih-wiesbaden.de

15 **MALDANER COFFEE ROASTERS**

Beste Rösterei!
Hellmundstr. 37
www.maldanercoffee.com

16 **IRISH PUB**

Guinness, Sport-TV und Livemusik, das passt!
Michelsberg 15, www.theirish.pub/wiesbaden

17 **BADHAUS 1520**

Wildes Wiesbaden? Ja, hier, in diesem tollen Club.
Häfnergasse 3
www.badhaus1520.de

FOTOS: MONICA GUMM (1), GEORG KNOLL; KARTENILLUSTRATION: JOCHEN SCHÄFERS

Schönwetterfront

Aloha! Christian Jakobs Hemden feiern den Sommer – und Wiesbaden

18

Mit diesem Look findet sich auf jeder Party schnell ein Gesprächsthema. Das jedenfalls ist die Erfahrung, die manche von Christian Jakobs Kunden gemacht haben. Auf den Hawaiihemden, die der Kommunikationsdesigner entwirft, prangen Riesling-Reben, Apfelweinkrüge und Hopfenblüten statt Hibiskus, Palmen und Papageien. Mit Rebecca Schmalenbach, einer befreundeten Schneiderin, entwickelte er den Prototypen und gründete mithilfe von Crowdfunding 2016 das Label »Schönwetterfront«. Mittlerweile gibt es **Hawaiihemden in rund 20 Mustern,** außerdem passende Socken, Hoodies und Boxershorts. Die Bio-Baumwolle wird in Baden-Württemberg bedruckt, die Hemden werden in Wiesbaden und Sachsen genäht.

Scheffelstr. 3, www.schoenwetterfront.de

GLEICH NEBENAN

19

CORK – WINE N MORE

Auch Sonja Godmann und Lennard Golletz legen Wert auf regionale Produkte. In ihrer neu eröffneten Vinothek in den ehemaligen »Scheffelstuben« bekommen Gäste jetzt Weine aus dem Rheingau und aus Rheinhessen, Bier aus einer Darmstädter Brauerei und Tapas.

Scheffelstr. 1
www.instagram.com/corkwiesbaden

Frau Kreuter

Der Laden mit Bistro ist bekannt für seine vielfältigen Feinkost-Frikadellen

20

Ferienwohnung gemietet und keine Lust auf große Kochaktionen? Dann ist der Laden von Tatjana Kreuter das perfekte Ziel. Direkt am Staatstheater Wiesbaden finden genussfreudige Menschen hier nicht nur allerlei delikate Dinge wie Weine, Destillate und Gewürze, sondern auch ganz **viel Hausgemachtes in Einmachgläsern:** Aufstriche, Dressings, Fonds und Saucen, aber eben auch fertig zubereitete Gerichte wie Hühnerfrikassee, Zwiebelsuppe, Serviettenknödel und Salate. In der Regel gibt's auch ein Lunch-Angebot, frisch zubereitet in der Showküche. Ein Klassiker sind ansonsten die Frikadellen to go. Die Vielfalt ist beachtlich und reicht von Kalb über Bulgur-Feta und eine Cordon-bleu-Variante bis zum Umami-Knaller mit Shiitake-Pilzen.

Wilhelmstr. 47, www.frau-kreuter.de

WEINBAR MIT WUMMS

21

Y WINE & KITCHEN

Nach der schnellen Frikadelle ist dieses vinophile Restaurant mit Innenhof-Terrasse ein guter Kontrast. Knallige Farben und Samt prägen das Interieur, kreative Wohlfühl-Gerichte die Karte. Bestens dazu passen die Weine des Sommeliers und Winemakers Ahmet Yildirim, der mit seiner Partnerin hinter diesem Lokal steht.

Mauergasse 10
www.y-wineandkitchen.com

FOTOS: MARCEL CORNELIUS, FRAU KREUTER AM THEATER

DIE KLASSIKER

Jede Menge majestätische Bauten, eine anfangs noch skeptisch beäugte Kirche und Deutschlands erstes original Wiener Kaffeehaus: Das sind Wiesbadens bekannteste Highlights

Ein Schmuckstück des Jugendstils: Der Muschelsaal wird für Banketts und kleine Ausstellungen genutzt

22 KURHAUS

Der Prachtbau aus Wiesbadens Zeit als »Weltkurstadt« ist bis heute das kulturelle Herz der Stadt: Neun Säle und Salons, darunter etwa der edle Muschelsaal (Foto), gibt es hinter der ikonischen Fassade, deren Portikus von sechs Säulen getragen wird. Das »Benner's« tischt gute Speisen auf, ein feines Plätzchen ist auch die »Lounge 1907« auf der Rückseite des Kurhauses, von der man auf den Kurpark blickt.

Kurhausplatz 1
www.wiesbaden.de/kurhaus

FOTOS: MONICA GUMM (4), MOJOLO/ADOBE STOCK, MATTIAQUA

STADTSCHLOSS

Weil Kandidaten wie Kassel oder Darmstadt stärker zerstört waren, bekam Wiesbaden 1945 den Zuschlag als Landeshauptstadt. Seitdem tagt der Hessische Landtag in diesem Schloss, das der Herzog von Nassau 1835 in Auftrag gab und mit Georg Moller von einem der wichtigsten deutschen Architekten des Klassizismus entworfen wurde. Bei Führungen schlendert man durch den Musiksaal und feine Salons, wegen Sanierungen ist das Schloss momentan allerdings für Touren geschlossen.

Schlossplatz 1-3
www.hessischer-landtag.de

MARKTKIRCHE

Es war keine Liebe auf den ersten Blick: Der 1862 eingeweihte neogotische Bau mit seinen charakteristischen Backsteinen war den Wiesbadenern anfangs suspekt, mit der Zeit hat sich die Marktkirche aber doch zum Wahrzeichen der Stadt und zum Höhepunkt für Besucher entwickelt. Letzteres ist wörtlich zu verstehen: Der höchste der fünf Türme ist mit gut 89 Metern auch Wiesbadens höchstes Bauwerk.

Schlossplatz 4
www.marktkirche-wiesbaden.de

MALDANER

Seit mehr als 160 Jahren ist das Café das heiß geliebte Wohnzimmer der Stadt, seit 2011 darf es sich auch noch das erste original Wiener Kaffeehaus Deutschlands nennen. Sofas und Sessel, alte Kaffeemühlen und ganz viel Holz schaffen hier in der Fußgängerzone eine prächtig-gemütliche Atmosphäre. Auf den Teller jedes Besuchers, der zum ersten Mal im »Maldaner« gastiert, gehört die hauseigene Maldaner-Schnitte: Marzipan, Weinbrand-Pralinencreme, Schokoladenbiskuit, überzogen von dunkler Kuvertüre – zum Dahinschmelzen.

Marktstr. 34, www.maldaner1859.de

HESSISCHES STAATSTHEATER

Dass in manchen Spielzeiten mehr Besucher kommen als Wiesbaden Einwohner hat, spricht Bände über die Qualität dieses Fünf-Sparten-Hauses. Sein Aushängeschild sind die schon seit 1896 stattfindenden Maifestspiele, aber großes Theater, Oper, Ballett und Konzerte werden auch den Rest des Jahres über auf vier Bühnen gezeigt. Drei davon befinden sich im neobarocken Gebäude, hinter dessen ohnehin schon ansehnlicher Fassade sich ein opulentes Foyer versteckt, das einem die Kinnlade nach unten fallen lässt.

Christian-Zais-Str. 3, www.staatstheater-wiesbaden.de

KAISER-FRIEDRICH-THERME

Wegen der Energiekrise blieb die 1913 eingeweihte Therme vergangenen Winter geschlossen, zu Ostern öffnete sie zum Glück wieder ihre Türen: knapp 1500 Quadratmeter Saunen, Dampfbäder und eine tropische Eisregenzone, alles errichtet auf den Fundamenten eines römischen Schwitzbades und herrlich restauriert im Geist des Jugendstils – perfekt zum Entspannen während des City-Trips.

Langgasse 38-40, www.mattiaqua.de/thermen/kaiser-friedrich-therme

MUSEUM REINHARD ERNST

»Da habe ich keine Ahnung von…« Das »mre« wird ein Museum, das gegen diesen Satz antritt. Es will den Betrachtern abstrakter Kunst ein Aha-Erlebnis schaffen. In einem spektakulären Neubau

Blick ins lichtdurchflutete Atrium, in dem Eduardo Chillidas »Buscando la luz III« (Auf der Suche nach dem Licht Nr. 3) steht

28

Sinn und Sinnlichkeit

Nun, da sich die Türen seines Vermächtnisses für die Ewigkeit tatsächlich öffnen, wird für Reinhard Ernst »ein Herzenswunsch Realität«, was ihn »mit großer Freude« erfüllt. Schon 2016 begannen die gemeinsamen Planungen mit der Stadt Wiesbaden, der über die Jahre immer imposanter gewordenen privaten Sammlung des früheren Unternehmers an prominenter Stelle der Stadt ein neues, öffentliches Zuhause zu geben. Denn, so der Museumsgründer: »Für mich ist es selbstverständlich, dass ich als Sammler eine Verantwortung gegenüber der Allgemeinheit trage, denn Kunst sollte für alle da sein.« Entstanden ist in diesem Spirit unter Federführung des japanischen Architekten und Pritzker-Preisträgers Fumihiko Maki ein einzigartiger Bau für rund 80 Millionen Euro: von außen monolithisch weiß, würdig-schlicht und fast fensterlos, innen aber voller Licht, überraschender Dimension sowie Räumen für die Kunst, von denen keiner dem anderen gleicht. Der höchste ist 14 Meter hoch, der größte misst 340 Quadratmeter – dort wird in der Eröffnungsausstellung das über Eck gehängte und 20 Meter breite Kunstwerk »Formation Stream« des Japaners Toshimitsu Imai zu sehen sein. Ebenso ein genialer Blickfang: Es gibt auf den drei Stockwerken mit insgesamt rund 2000 Quadratmeter Ausstellungsfläche in keinem Ausstellungsraum eine Stütze, die das optische Kunsterlebnis beeinträchtigt. Und jetzt, wo es im Wortsinn Ernst wird mit seinem Traum, ist sich der Namenspatron sicher: »Ein Besuch bei uns wird die Haltung zur abstrakten Kunst positiv beeinflussen. Dafür lebt unser Museumsteam.«

☆ ***Museum Reinhard Ernst***
Wilhelmstr.1, www.museum-reinhard-ernst.de (Eröffnung im Herbst 2023)

Großformat. Das Gemälde »Argonaut«, geschaffen vom deutschstämmigen Künstler Friedel Dzubas, der Nazi-Deutschland 1939 verließ und nach New York auswanderte, ist sperrig. Zwölf Hände mussten im Museum beim Auspacken aus der Transportbox und beim Ausbreiten anpacken

Sein Herzenswunsch wird Realität. Der leidenschaftliche Kunstsammler Reinhard Ernst stellt die Werke, finanziert den Museumsbetrieb und den Neubau. »Kunst«, sagt er, »sollte für alle da sein«

FOTOS: HELBIG & MARBURGER/REINHARD & SONJA ERNST-STIFTUNG/MUSEUM REINHARD ERNST (2), BILL FERTIK, FRIEDEL DZUBAS © VG BILD-KUNST, BONN 2023, TANJA NITZKE (2)

Meisterwerk. Der japanische Architekt und Pritzker-Preisträger Fumihiko Maki wurde engagiert, um den Neubau des Museums Reinhard Ernst (kurz »mre«) zu entwerfen. Außen monolithisch weiß, würdig-schlicht und fast fensterlos, innen voller Licht

Oliver Kornhoff,
Gründungsdirektor
des Museums
Reinhard Ernst (»mre«)

»EIN ORT DES STAUNENS«

MERIAN scout: Herr Kornhoff, ein Neubau ist ja quasi die Carte blanche, Dinge anders zu denken. Wie haben Sie die genutzt?

OLIVER KORNHOFF: *Wir werden ein Museumserlebnis bieten, wie es weltweit nur ganz wenige gibt. Erstens mit unserem einzigartigen Bekenntnis zum »abstrakten« Profil. Zweitens wollen wir hochkarätige Kunst zeitgemäß neu und nahbar vermitteln. So haben wir einen komplett innovativen Mediaguide mit viel mehr als nur Audiospuren. Mit Augmented Reality unterstützt der Guide auch das freie, individuelle Erkunden von Museum und Kunst, unsere Gäste können den Künstler:innen bei der Arbeit quasi über die Schultern schauen.*

Welchen Geist wollen Sie den Besuchern Ihres Hauses vermitteln?

Habt keine Angst vor abstrakter Kunst! Zwei Sätze hören wir ja immer wieder: »Da habe ich keine Ahnung von« und »Das verstehe ich ja gar nicht«. Diese Sätze haben wir an unser Herz gedrückt und möchten ein gegenteiliges Aha-Erlebnis schaffen: Abstraktion ist die Kunst unserer Zeit, hier wird Gegenwart thematisiert. Wir sind ein Ort des Staunens!

Wie viele Stücke aus der Sammlung haben es ins Museum geschafft?

In die Eröffnungsausstellung etwa 60 von über 900. Die haben wir zu einer Geschichte der Abstraktion ab 1945 verknüpft, den Bogen über Europa und die USA bis nach Japan gespannt.

Ein besonderes Anliegen ist es, Kindern den Zugang zur Kunst schmackhaft zu machen.

In diese Vermittlungsarbeit stecken wir ganz viel Herzblut. Im Zentrum des Museums befindet sich unser Farblabor. Hier können gerade Kinder auf fünf digitalen Erlebnisstationen die unerschöpflichen Dimensionen der Farbe selbst experimentell erkunden. Und: Das »mre« eröffnet erst mittags fürs Publikum, der Vormittag gehört allein den Schüler:innen.

Ihr Lieblingsstück?

Lieblingsstück und Lieblingsort sind eins: die hochkarätige Skulptur »Auf der Suche nach dem Licht Nr. 3« von Eduardo Chillida, sie steht bei uns im lichtdurchfluteten Atrium. Auf poetische, ganz leichte Weise öffnen sich diese schweren, rostig-roten Stahlplatten wie eine Blüte Richtung Sonne, das ist hinreißend. Zweites Lieblingsstück ist das Gemälde »Argonaut« von Friedel Dzubas: ein spektakuläres Bild mit einem fantastischen Kobaldblau, das einen nicht mehr loslässt.

Pearls Sektmanufaktur

In dieser Bar gehört zum Schaumwein auch mal eine lehrreiche Showeinlage

Es perlt in fast jedem Glas: Im »Pearls« wird in bester Innenstadt-Lage ausgeschenkt, was schäumt und schmeckt: Sekt, Prosecco, Cava, Crémant und selbstverständlich auch Champagner. Dazu gibt es kleine Snacks und eine große Besonderheit: Wer will, kann sich in der **Bar des Big Players »Henkell Freixenet«** eine Flasche Sekt degorgieren lassen. Dafür wird deren Hals in ein Eisbad getaucht. Die Hefe, die sich dort angesammelt hat, vereist und schießt beim Entfernen des Kronkorkens durch den Überdruck hinaus. Gäste erleben so einen zentralen Moment der traditionellen Flaschengärung, wie man sie aus der Champagne kennt. Den Sekt können sie danach direkt trinken – oder verkorkt und verdrahtet mit nach Hause nehmen.

Mauergasse 15, www.pearls-sektmanufaktur.de

EIN PAAR SCHRITTE WEITER …

30 VINOTHEK BALTHASAR RESS

Auch wegen der Weinbar des Top-Weinguts Balthasar Ress zieht es viele Genießer in die Mauergasse.

Mauergasse 10
www.balthasar-ress.de

31 VINOTHEK LAQUAI

Hier führt die Reise im Glas nach Lorch zum Weingut Laquai.

Mauergasse 11
www.weingut-laquai.de

Spa im Nassauer Hof

Kuren mit fantastischer Aussicht auf die Stadt

32

Das zwischen 1898 und 1907 erbaute Haus wurde als Grandhotel im historistischen Stil von dem Architekten Alfred Schellenberg entworfen. Ein Highlight ist das lichtdurchflutete Spa des Fünf-Sterne-Hotels. Denn das Thermalbecken entpuppt sich als eleganter Rooftop-Pool, geschützt durch Wände aus Glas. Gäste schwimmen in 32 Grad warmem Wasser aus hauseigener Heilquelle. Dabei haben sie einen grandiosen **Blick auf das Stadtpanorama.** Noch mehr sieht man, wenn man nach draußen auf die begrünte Dachterrasse tritt. Zu dem 1500 Quadratmeter großen Wellness-Bereich gehören eine 90 Grad heiße finnische Aufguss-Sauna, ein Sanarium und ein Fitnessraum, es werden diverse Beauty-Behandlungen und Physiotherapie angeboten.

Kaiser-Friedrich-Platz 3-4, www.hommage-hotels.com

FOTOS: HENKELL FREIXENET, YOU SUL

YOGA, PILATES, BOXEN

33

FIT-SEVEN-ELEVEN

Lust auf ein Workout? In der stylishen Ladies-only-Gym »Fit-Seven-Eleven« bekommen Sie für 20 Euro einen Tagespass und können an den Geräten des modernen Clubs trainieren sowie den Wellnessbereich mit Sauna nutzen. Das Programm reicht von Yoga bis zum Box-Bootcamp.

Wilhelmstr. 44-46
www.fitseveneleven.de

Café Klatsch

Wer vegan isst, wird hier satt und glücklich

34

1984 baute eine Gruppe von Idealisten die ehemalige »Bierfestung Barbarossa« um und eröffnete ein Café in dem schmucken Jugendstilgebäude im Rheingauviertel. Einen Chef gibt es hier nicht – die etwa 15 Mitarbeiterinnen und Mitarbeiter des **kollektiv geführten Cafés** entscheiden alles gemeinsam. Zum Beispiel, was auf der Speisekarte steht (jede Menge Flammkuchen) und dass Kaffee, Tee und viele Zutaten der Gerichte aus Ökolandbau stammen sollen. Das »Café Klatsch« unterstützt durch seinen Einkauf unter anderem Kaffee-Kooperativen in Nicaragua und kleine Getränkehändler in der Region. Seit fast 40 Jahren ist der Betrieb eine feste Größe in der alternativen Szene.

Marcobrunnenstr. 9
www.cafeklatsch-wiesbaden.de

MEHR SCHNUCKELIGE CAFÉS

35 DYLAN & HARPER

Nur zwei Straßen weiter gibt es mit viel Liebe zubereitete Kaffeevariationen aus der eigenen Rösterei.

Rüdesheimer Str. 14
www.dylanandharper.de

36 HIER & JETZT

Allein die hausgemachten Zimtschnecken sind einen Besuch wert.

Blücherstr. 30, www.instagram.com/hierundjetzt_wiesbaden

Schlachthof Wiesbaden

Vom Niemandsland zum kulturellen Kraftpaket, das die Muskeln spielen lässt

37

Wie ein Mix aus Mad Max und den nordenglischen Städten unter Margaret Thatcher, so habe sich das verlassene Areal des Schlachthofs in den Neunzigern angefühlt, sagen dessen neue Macher. Zum Glück zog dann 1994 das Kulturzentrum ein, das sich zu einem der größten Konzert- und Kulturveranstalter im Rhein-Main-Gebiet entwickelt hat. Natürlich dank viel Livemusik, Größen wie **Jan Delay und Die Toten Hosen** traten hier schon auf, aber auch Lesungen oder Breakbeat-Nächte stehen auf dem Programm. Wer tagsüber kommt, kann durch den die historischen Gebäude umgebenden Freizeit- und Kulturpark samt Beachvolleyball-Feldern schlendern, um schließlich im Lokal »60/40« mit seinem Biergarten einzukehren.

Murnaustr. 1, www.schlachthof-wiesbaden.de

KEINE WERBUNG, BITTE!

38

MURNAU FILMTHEATER

Am Schlachthof und direkt neben dem Deutschen Filmhaus befindet sich dieses Programmkino für wahre Cinephile. Keine Werbung und keine Trailer gibt es vor dem Hauptfilm – es geht direkt los. Jedes Jahr ist außerdem das Festival des mittel- und osteuropäischen Films zu Gast, bei dem sich Schätze entdecken lassen.

Murnaustr. 6, www.murnau-stiftung.de/filmtheater

FOTOS: GEORG KNOLL, MONICA GUMM

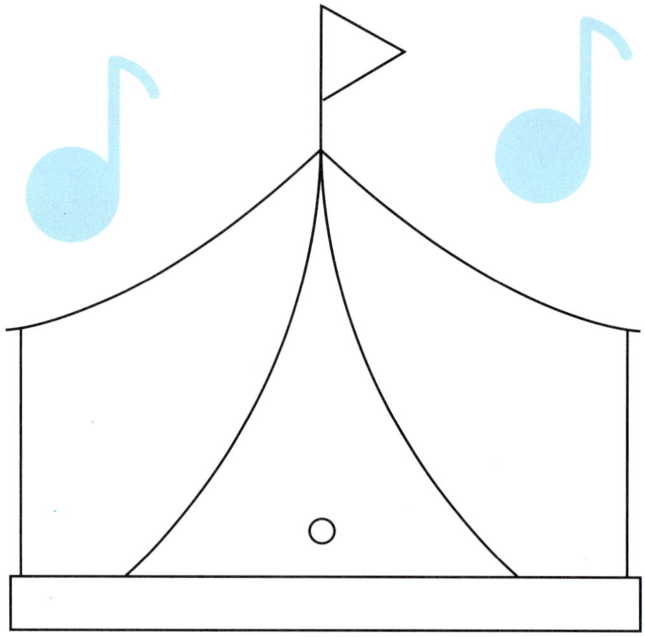

EVENTS

Nicht nur in Museen und auf Weingütern bieten Wiesbaden und sein Umland Kultur und Genuss. Sondern geballt auch auf fantastischen Straßenfesten und während kulinarischer Themenwochen

GENUSS

RHEINGAUER WEINWOCHE

Der ideale Ort, um einen neuen Lieblingswein zu finden, sind im August der Wiesbadener Schlossplatz, der Platz vor der Marktkirche und das Dern'sche Gelände. Hier zeigen die Winzerinnen und Winzer aus dem Rheingau kurz vor der nächsten Weinlese, was sie außer Riesling noch zu bieten haben.

Wiesbaden, www.wiesbaden.de 39

RHEINGAU GOURMET & WEIN FESTIVAL

Auf der Suche nach einem besonderen Geschenk? Wie wäre es mit einer Karte für einen der hochklassigen Programmpunkte im »Hotel Kronenschlösschen«? Hier kann man Menüs von Sterneköchen genießen, hervorragende Gastronomen aus der ganzen Welt treffen, Wein-Raritäten kosten oder in Workshops die eigenen Kochkünste verfeinern.

Eltville-Hattenheim
www.rheingau-gourmet-festival.de 40

RHEINGAUER SCHLEMMERWOCHEN

Jedes Jahr im April und Mai tischen mehr als 100 Winzer, Straußwirtschaften und Restaurants zwischen Flörsheim und Lorch ihre besten Weine und lokalen Spezialitäten auf. Wer möchte, kann auch auf der »Robert Stolz« auf dem Rhein schippern und dabei Weine probieren. Unter anderem geht's an der Mariannenaue (S. 87) vorbei.

www.rheingau.com 41

42 *Für Biker*

ZUSAMMEN AUF TOUR

Ob Sie sich der Tour durchs UNESCO-Welterbe Oberes Mittelrheintal anschließen oder lieber auf einer der drei Bühnen vor dem Schloss Boosenburg feiern: Das Motorradfestival ist ein Highlight für Bike-Fans, zu dem jedes Jahr im Juni Zehntausende kommen.

Rüdesheim, Rheinstr. 3
www.magic-bike-ruedesheim.com

KULTUR

INTERNATIONALE MAIFESTSPIELE

Kaiser Wilhelm II., der in Wiesbaden kurte, unterstützte vor fast 130 Jahren die Gründung des Festivals, angelehnt an die Bayreuther Festspiele. Heute kommen Theater-, Ballett- und Musik-Compagnien aus vielen Ländern ins Hessische Staatstheater Wiesbaden, außerdem finden Lesungen und Veranstaltungen für Kinder statt.

Wiesbaden, Christian-Zais-Str. 3
www.staatstheater-wiesbaden.de 43

THEATRIUM

Konzerte auf mehreren Bühnen, knallbunte Karussells und jede Menge Streetfood: Rund um die Wilhelmstraße – die »Rue« – zieht das Straßenfest jedes Jahr im Juni Hunderttausende an. Besonders beliebt ist dabei der Kunsthandwerkermarkt, wo man nach Schmuck, Keramik und Wohnaccessoires stöbern kann.

Wiesbaden, Wilhelmstraße
https://tourismus.wiesbaden.de 44

ILLUSTRATION: LENA THALE

WIESBADEN
RHEINGAU
Dein Erlebnis
Wiesbaden &
Rheingau
Entdecke lebendige Quartiere
und schmecke die regionalen
Weine. Buche Dein Erlebnis
bequem online.
wiesbaden.de/erlebnisbuchung
Tourist Information
Marktplatz 1, 65183 Wiesbaden
Tel.: +49 (0)611 1729-930 | E-Mail: t-info@wicm.de

Typisch
Wiesbaden!
Wieso diese Ente und viele weitere
spannende Objekte rund um Wiesbadens
Stadtgeschichte im Museum stehen,
erfahren Sie im sam – dem Stadtmuseum
für Wiesbaden.
Einfach mal runterkommen!
Di–So 11–17 Uhr, Do 11–20 Uhr
stadtmuseum-wiesbaden.de
sam
STADTMUSEUM
AM MARKT

45

»Palast Hotel« steht noch über dem Eingang, doch im Jugendstilbau von 1905 befindet sich heute Platz für Kultur, Wohnungen und ein Restaurant

45-64 Norden & Osten

KOCHBRUNNENPLATZ · WINE IN THE HOOD RUSSISCHE KIRCHE · DURCH DAS BERGKIRCHENVIERTEL MIT JENS KAUFMANN · CHÂTEAU NERO GOLDSTEIN · OPELBAD · BIERSTADTER GOLDGARTEN

Die Lieblingslocation der Wiesbadener, Zeugnisse der goldenen Kurstadt-Jahre, das Schwimmbad mit der goldigsten Aussicht sowie das geschäftige Bergkirchenviertel sind hier die Highlights

---

Kochbrunnenplatz/Kranzplatz

Mehr Historie, mehr Facetten des Wiesbadener Alltags, mehr Pracht und gleichzeitig Understatement können rund um einen einzigen Platz kaum zusammenkommen. Und dieser wilde Mix macht den Kochbrunnenplatz, der direkt in den Kranzplatz übergeht, einmalig. Auf ihm dampft Tag und Nacht das **Thermalwasser des Kochbrunnens,** in einem kleinen Pavillon zapfen sich viele Wiesbadener im Vorbeigehen eine Flasche Wasser aus der gleichnamigen Quelle. Um 1900 war der ganze Platz eine begrünte Trinkkuranlage, dort flanierten Reiche und Schöne aus aller Welt, die zur Selfcare nach Wiesbaden kamen. Hinter der schicken Fassade des damaligen »Hotel Rose« residiert seit 2004 der hessische Ministerpräsident mit der Staatskanzlei. Vis-a-vis steht das »Palast Hotel«, das heute Wohnungen beherbergt und in dessen einstigen Frühstücksräumen Kreative des kuenstlerhaus43 spielen (www.kuenstlerhaus43.de). Auf dem Platz selbst gibt es einen Spielplatz und zum Beispiel vor dem Restaurant namens »Palast Hotel« schöne Plätze, von denen sich mit einem Drink in der Hand diese einmalige Wiesbadener Mischung beobachten lässt.

☆ ***Kochbrunnenplatz/Kranzplatz***

FOTO: MONICA GUMM

WINE IN THE HOOD

Ein Leben lang Aperitif und kleine Köstlichkeiten – wenn Sie mögen!

46

Der erste Eindruck von außen: eine einladende Hausfassade, davor eine kleine Holzterrasse mit ein paar Sitzplätzen. Schön. Aber in einer Bar wie »Wine in the Hood« kommt es natürlich sehr auf die inneren Werte, sprich die Getränkeauswahl, an. Und da wartet der Gastgeber Kai Kenngott (Entschuldigung, Wortspiel!) mit einer für uns göttlichen Idee auf: »Wir sind die erste Weinbar Deutschlands, die ihren Members den **Aperitif for Lifetime** verspricht.« Die Bar bietet eine Mitgliedschaft für die Nachbarschaft. Wer zum Drink (Per Se Spritz, Port Tonic, Wermut Tonic) eine Kleinigkeit essen möchte, kann und wird mit der Käseauswahl und der Charcuterie absolut zufrieden sein. Unsere Empfehlung lautet: Pulpo aus Galicien und dazu ein Glas Weißwein.
Obere Webergasse 49, www.wineinthehood.de

GLEICH NEBENAN!

47

WILD & WOOD CAFÉ

Nach dem Frühstück … Denkste! Hier wird es den ganzen Tag über serviert, z. B. in Bowls.
Obere Webergasse 48, www.wildandwoodcafewiesbaden.de

48

WEINOD

Die Weinbar ist ein beliebter Treffpunkt im Bergkirchenviertel.
Obere Webergasse 50 www.weinod.com

FOTOS: GEORG KNOLL, MONICA GUMM

RUSSISCHE KIRCHE

Herzenssache: Herzog Adolph von Nassau suchte diesen Ort für seine Frau aus

49

Grüne Ruhestätte

Wenn die vergoldeten Zwiebeltürme in der Sonne funkeln, ist das **prachtvolle Gebäude auf dem Neroberg** weithin sichtbar. Der Anlass für seinen Bau war der Tod von Elisabeth Michailowna, Großfürstin von Russland und Herzogin von Nassau. Die damals 18-Jährige war bereits 1845, kurz nach ihrem Umzug nach Wiesbaden, nach nur etwa einem Jahr Ehe mit Herzog Adolph von Nassau bei der Geburt ihrer Tochter gestorben. Fertiggestellt wurde die Grabkirche aber erst 1855. Der Witwer gab das neue Gotteshaus bei dem nassauischen Baumeister Philipp Hoffmann in Auftrag, der sich nach einer Russlandreise bei seinem Entwurf an der Erlöser-Kirche in Moskau orientierte. Wie Elisabeth ausgesehen hat, zeigt das detailreich gestaltete Grabmal der jungen Frau in der Kirche. Gleich nebenan liegt der dazugehörige Friedhof, auf dem man nicht nur Gräber zahlreicher weiterer russischer Adliger, Politiker, Diplomaten und Geistlicher findet. Auch der 1941 gestorbene Maler Alexej von Jawlensky liegt dort. Mehr zu dessen Kunst im Museum Wiesbaden erfahren Sie auf S. 10.

Christian-Spielmann-Weg 1 und 2
Friedhofsführungen:
www.kultour-und-mehr.de

Durch das BERGKIRCHEN-VIERTEL mit Jens Kaufmann

Wie das Leben so spielt... Eigentlich war Jens Kaufmann auf dem besten Wege, als Wirtschaftsingenieur zu arbeiten. Aber dann kaufte er eine Röstmaschine – und nun ist er »Mister Coffee« in einem Viertel, das zum echten Kleinod wurde

50

KAUFMANNS KAFFEERÖSTEREI

Mich fasziniert am Kaffee der Dreiklang aus Rohkaffee, Röstung und Zubereitung, meine Leidenschaft ist es, ihn perfekt abzustimmen. Eigentlich bin ich Wirtschaftsingenieur. Als ich dann eine Röstmaschine hatte und einen Ort dafür suchte, stieß ich auf einen einstigen Techno-Club und eröffnete dort meine Ladenrösterei. Mittlerweile gibt es in der Nerostraße mehrere Cafés, wir sind ein Einzelhandel mit Probierbar geblieben. Es gibt unsere hauseigenen Röstungen, etwa den Espresso Nero, der eine feine nussige Süße hat, oder Kaufmanns Hausmischung, einen aromatisch-würzigen Filterkaffee. Dazu verkaufen wir Tassen, Espressomaschinen, Filter und Gebäck auf die Hand.

Jawlenskystr. 1/Ecke Nerostr.
www.kaufmanns-kaffeeroesterei.de

NERO 39

Ein toller Buchladen, in dem ich immer etwas finde, abseits der Bestseller, fein kuratiert, auch in Englisch. Es gibt einen Kamin, auf Wunsch einen Kaffee oder Tee und die sehr gute Beratung durch den Buchhändler Christopher Deyer. Der hatte eine grandiose Idee: Man kann sich hier mit Freunden abends für drei Stunden einschließen lassen – inklusive Catering und Wein – und einen Abend umgeben von Büchern verbringen.

Nerostr. 39, www.nero39.de

MEIN PERFEKTER TAG

Zum Frühstück ins Backhaus, rät Jens Kaufmann. Und sonst? Freitags eine Portion Fischsuppe

©Mapcreator | OSM.org

52 MORGENS

Die Wartezeit vor dem kleinen ***Backhaus Bürger*** *nehme ich gerne in Kauf. Hier wird in dritter Generation alles von Hand gemacht. Großartig und groß sind etwa die Hefeschnecken mit Nuss oder Kirschen.*

Röderstr. 17
www.backhaus-buerger.de

53 MITTAGS

Gleich am Anfang der Nerostraße kann man in einem unscheinbaren, afghanischen Restaurant sehr gut essen. Und zwar im ***Hindukusch.*** *Legendär ist die Fischsuppe, die es dort freitags gibt. Aber nicht nur die Suppe, die der Inhaber Kader Torkmani wie alles nach Gefühl zubereitet, wird von seinen Gästen außergewöhnlich geschätzt. Es schmeckt immer alles.*

Nerostr. 4-6

54 ATELIER JOURDAN

Shoppen mit viel Ruhe und Muße und mit einer feinen Auswahl an hervorragenden Stoffen und individueller Beratung: Das Geschäft für Herrenbekleidung nach Maß ist Anfang 2023 aus der zentralen Wagemannstraße in die Obere Webergasse gezogen, wo gerade ein netter Laden nach dem anderen eröffnet. Heiko Jourdan hat die neuen Räume sehr geschmackvoll gestaltet, inklusive Ankleide mit Sofa, Kaffeemaschine und Bar.

Obere Webergasse 45/47
www.jourdan-wiesbaden.de

55 MANOAMANO BAR

Im »Manoamano« an der Taunusstraße gibt es gute Antipasti oder Pizzen. Ich gehe gerne wegen der Cocktails hin. Auf der Karrte stehen Klassiker wie »Barrel Aged Old Fashioned«, »Basil Smash« oder »Negroni«, aber auch spezielle Mixturen wie »Sage & Berries«, also Salbei und Himbeerpüree (mit Gin, Zitronensaft und Zucker) oder »Downton Smokey« (Scotch Whisky, Apricot Brandy, Ingwer-Orangenmarmelade, Zitronensaft, Rauch).

Taunusstr. 31
www.manoamano-bar.de

56 HERMSEN GOLDSCHMIEDE

Der Laden in der Taunusstraße ist selten schön. Barbara und Werner Hermsen fertigen hier ihre eigenen Schmuckkollektionen. Jeder Ring, jede Kette, jeder Ohrring ist ein handgefertigtes Unikat. Und die beiden öffnen ihre Tür und ihre Schaukästen auch für andere Designer, die ausgefallenen Schmuck machen.

Taunusstr. 55
www.hermsen-wiesbaden.de

FOTOS: GEORG KNOLL; KARTENILLUSTRATION: JOCHEN SCHÄFERS

Château Nero

Lieblingslocation der Wiesbadener mit Blick über den Weingarten auf die Stadt

57

»Es gibt keinen Wegweiser, der zu diesem **Weinstand** führt. Aber wenn du an einem frühen Sommerabend zu Fuß oder mit der Bahn oben auf dem Neroberg angekommen bist, siehst du garantiert andere Menschen, die unterwegs zum Château Nero sind. Das liegt an der Atmosphäre, die diesen Ort bezaubernd macht«, heißt es auf der Reise-App plazy.travel, »lockere Stimmung, leckere Kleinigkeiten wie Spundekäs' oder Linsensalat im Weckglas und das Gefühl, hier oben für ein paar Stunden den Alltag hinter oder besser: unter sich zu lassen.« Die Idee zum Château Nero ist ein Gemeinschaftsprojekt: Linda Zimmermann vom »Heaven« und Boris Royko vom »Sherry & Port« haben das Konzept entwickelt und Wiesbaden einen buchstäblichen Höhepunkt für Weinliebhaber geschenkt. *www.chateau-nero.de*

SCHRÄGE SACHE

58

NEROBERGBAHN

Sie ist die älteste mit Wasserballast betriebene Drahtseil-Zahnstangenbahn Deutschlands und ein Highlight für Eisenbahnfans. Vom Start bis oben auf den Neroberg legt sie eine Strecke von rund 440 Metern zurück. Die Nerobergbahn fährt von April bis Ende Oktober täglich im 15-Minuten-Takt von 9 bis 19 Uhr.

Talstation: Wilhelminenstr. 51
www.nerobergbahn.de

FOTO: GEORG KNOLL

Goldstein by Gollner's

Im Goldsteintal kann man wunderbar wandern – und noch besser essen

Früher kehrten vor allem Jäger in dem rund 100 Jahre alten Gasthaus ein. Wildschweine und Rehe kann man hier noch heute entdecken – Günter Gollner bremst regelmäßig für sie, wenn er zu seinem Restaurant mitten im Naturschutzgebiet Goldsteintal fährt. Inzwischen beherbergt das denkmalgeschützte Gebäude eines der feinsten Restaurants der Region mit modern interpretierten Gerichten aus der **österreichischen Heimat** des Inhabers und seines Küchenchefs Michael Hofmann (unbedingt den luftigen Kaiserschmarrn probieren). Auch im legendären Weinkeller des »Goldstein« gibt es, neben mehr als 50 Jahre alten Bordeauxs, nicht nur Weine aus dem Rheingau, sondern auch aus der Steiermark, der Wachau und dem Burgenland.

Goldsteintal 50, www.gollners.de

MITTEN IM GRÜNEN

60 HUBERTUSHÜTTE

Dieses Lokal mit gutbürgerlicher Küche und toller Terrasse war einst eine Schutzhütte für Jäger und Wanderer. Die Karte ist recht fleischlastig, doch es gibt auch vegetarische Gerichte wie Spinatknödel und Risotto. Ein idealer Stopp für eine Rast, wenn man auf dem Taunus-Rundwanderweg unterwegs ist (s. S. 74).

Goldsteintal 60, www.hubertushuette-wiesbaden.de

Opelbad

Hinein ins Vergnügen! Ein Pool für Wasserratten, die nicht nur Bahnen ziehen, sondern auch Erlebnis und Aussicht genießen

61

Baden mit Aussicht

Wer hier auf einer Bank die Wärme der Sonne genießt, fühlt sich ein wenig wie auf dem Lidodeck eines Kreuzfahrtschiffes. Das 1934 eröffnete Opelbad liegt wie ein Ozeandampfer in rund 80 Meter Höhe am Südhang des Nerobergs, der Zaun hinter dem Becken wirkt wie eine Reling. Von hier aus schweift der Blick über das Häusermeer der Wiesbadener Innenstadt, die **angrenzenden Weinhänge** und den nahen Stadtwald. Ein echter Blickfang ist die elegante, parabelförmige Rutsche, die in das schmale, aber 65 Meter lange Becken führt und ein wenig an eine Kommandobrücke erinnert. Diese maritimen Assoziationen hatten die Architekten Franz Schuster und Edmund Fabry im Kopf, als sie das teils von Wilhelm Albert von Opel gestiftete Bad im Stil des Neuen Bauens entwarfen. Heute steht es unter Denkmalschutz. Auf modernen Komfort muss man hier dennoch nicht verzichten: Die Wassertemperatur liegt dank einer Solaranlage bei 24 Grad, und zum Bad gehört eine finnische Sauna.

Neroberg 2, www.mattiaqua.de

MIT HEIL-EFFEKT

62 THERMALBAD AUKAMMTAL

Auf angenehme 32 Grad bringt es das Thermalbecken mit Wasser aus Wiesbadener Heilquellen in dieser großzügigen Wellness-Landschaft nahe dem Kurpark. Dazu gehören sieben Saunen, ein Dampfbad und ein großes Außenbecken.

Leibnizstr. 7
www.mattiaqua.de

FOTO: MATTIAQUA

Bierstadter Goldgarten

Unter den Lichterketten wird mit Wiesbadens bestem Pils angestoßen

63

Dass Bierstadt, Wiesbadens größter östlicher Vorort, erst 2019 ein eigenes Bier bekam, ist eigentlich skandalös. Der Name verpflichtet, sollte man denken. Immerhin geht es seitdem steil bergauf: Die Jungs hinter der Craft-Beer-Marke »Bierstadter Gold« haben 2022 auf dem Gelände des ehemaligen Gasthofs »Anker« sogar einen Biergarten eröffnet, wo ihr charakteristisches naturtrübes Pils und weitere ihrer sehr süffigen Kreationen ausgeschenkt werden. Für Verpflegung sorgen **wöchentlich wechselnde Foodtrucks,** für das perfekte Rahmenprogramm gibt es über die ab April beginnende Saison verteilt diverse Events – Ibiza-Partys, 90er-Tag und, na klar, auch das Oktoberfest hat seinen festen Platz im Bierstadter Kalender.

Hofstr. 1, www.bierstadter-goldgarten.de

GLEICH UM DIE ECKE

64

KELLY'S FRESH KITCHEN

Langweilig wird es in diesem erst Anfang 2023 eröffneten Ableger des Mainzer Lokals garantiert nicht so schnell: Aus rund 40 frischen Zutaten kann man sich bei »Kelly's« eine eigene Bowl, einen Wrap oder Salat zusammenstellen – zur Sicherheit stehen für weniger Experimentierfreudige aber auch einige Bestseller auf der Karte.

Schultheißstr. 34a
www.kelly-s.de

FOTO: BIERSTADTER GOLD

Ob opulente Torte wie zu Großmutters Zeiten, bunte Cupcakes oder Süßes aus der Feinkost-Manufaktur: Hier findet jeder den perfekten Ort für eine Kaffeepause

MODERN

65 DALE'S CAKE

Dale Stinson und Ly Phan servieren in dieser stylishen Dessert-Oase leckere Cupcakes und Torten mit vielversprechenden Namen wie »Death by Chocolate«.

Wiesbaden, Nerostr. 12
www.dalescake.com

66 CAFÉ FEINHERB

Seit gut einem Jahr ergänzen die Kuchen von Barbara Stettler und Sonja Seibt die Weinstube von Ute und Ernst Stettler. Auch die Teekarte kann sich sehen lassen. Im Sommer sitzt man schön auf der mit Wein berankten Terrasse.

Oestrich-Winkel, Am Geiersberg 3
https://cafefeinherb.de

67 LIVING BAKERY

Wiener Kaffee-Spezialitäten stehen hier genauso auf der Speisekarte wie Bagels und Börek. Eine geniale Kombination.

Wiesbaden, Alwinenstr. 1
www.livingbakery.de

68 TRÜFFEL MUSEUMSCAFÉ

Erst vor Kurzem hat »Trüffel Feinkost« das Café im Hessischen Landesmuseum für Kunst und Natur übernommen. Neben einem Mittagstisch gibt es hier jetzt auch kleine und große Naschereien von dem Wiesbadener Delikatessengeschäft aus der Webergasse. Ideal für eine Stärkung vor oder nach dem Museumsrundgang.

Wiesbaden, Friedrich-Ebert-Allee 2
www.museum-wiesbaden.de

69 *Im Grünen*

CORNEL'S

Hier, mit Blick auf die Weinreben ringsum, möchte man öfter frühstücken. Am besten, man bleibt ein bisschen länger – die Inhaber betreiben auch das wunderschöne Guesthouse »Liegenschaft« nebenan.

Oestrich-Winkel, Hauptstr. 37
www.cornel-s.de

TRADITIONELL

70 CAFÉ BLUM

Haselnüsse aus dem Piemont, Valrhona-Schokolade aus Frankreich – für ihre feinen Kuchen verwendet die Manufaktur von Tatjana Kreuter, die für das Café backt, ausgewählte Zutaten. Gegründet wurde das Café, das heute nahe dem Staatstheater liegt, 1878 von Konditormeister Friedrich Blum. Am Staatstheater gibt es übrigens das von derselben Gastronomin betriebene »Frau Kreuter« (s. S. 17).

Wiesbaden, Wilhelmstr. 60
www.cafe-blum.de

71 KAFFEE KRÄNZCHEN

Schon die Schnörkelschrift auf dem Schild draußen verrät, dass man sich hier auf eine Nostalgiereise begibt. In Vitrinen und auf dem Tisch steht zauberhaftes altes Porzellan, auf die Teller kommen herrliche Torten wie aus Großmutters Zeiten, die die Inhaberin selbst backt.

Walluf, Hauptstr. 26

ILLUSTRATION: LENA THALE

WO HOTEL AUF
COASTER TRIFFT.
EIN WELTWEIT EINZIGARTIGES ABENTEUER.
Phantasia
LAND
www.phantasialand.de

72

Schwungvoll: Mittelpunkt von Schloss Biebrich ist eine Rotunde, in der auch Trauungen stattfinden

72-89 Süden & Westen

SCHLOSS BIEBRICH · TRIMONZIUM · DON PANINO · KRANSAND BISTOBAR · RHEIN-SUP · RHEINLOUNGE · UNTERWEGS MIT KATHARINA SCHENK IN FREUDENBERG & FRAUENSTEIN BAUMSTAMMHAUS · APFELWEINSTUBE IM HIMMELREICH

Wiesbaden liegt am Rhein – und Wiesbaden macht Wein! Seit knapp hundert Jahren reicht die Stadt bis an das fünf Kilometer vom Zentrum entfernte Flussufer und in die Rebberge zwischen Schierstein und Frauenstein

---

Fürstlicher Barock

Was für ein Aufstieg für ein simples Gartenhäuschen! Bald nachdem es für den Fürsten Georg August Samuel von Nassau-Idstein um 1700 am Rand des Fischerortes Biebrich errichtet wurde, war es diesem auch schon zu klein. Er erweiterte es zu einem Wohngebäude und errichtete gut 80 Meter daneben einen weiteren Pavillon. Zwei Galerien und eine Rotunde später war die Verwandlung vollbracht: Aus dem Gartenhäuschen war **Schloss Biebrich** geworden, eine imposante dreiflügelige Barockanlage direkt am Rhein. Einst Residenz der Fürsten von Nassau, sitzt darin heute unter anderem das hessische Landesamt für Denkmalpflege. Das Schloss lässt sich an nur wenigen Tagen auch besichtigen. Ein Besuch lohnt sich dennoch: Der elegante Englische Landschaftsgarten dahinter ist immer zugänglich. Seit fast 40 Jahren werden im Schloss auch regelmäßig Filme gezeigt (www.filme-im-schloss.de). Zwar nicht in barockem Ambiente, dafür in Originalfassung mit Untertiteln.

Rheingaustr. 140
www.vvb-biebrich.de (für Führungen)

FOTO: MONICA GUMM

TRIMONZIUM

Ganz frische Delikatessen gibt's in diesem Geschäft mit hundert Jahren Tradition

Von drei Bergen eingerahmt, das bedeutet der Name des Feinkostgeschäfts, den ihm die letzten Besitzer als Erinnerung an ihren bulgarischen Heimatort verpassten. Berge sind von der Tür des Trimonzium allerdings wenige zu sehen, und auch die einstigen Besitzer haben das Ruder 2022 an Fani Nedelkou übergeben, aber der Feinkostladen selbst bleibt eine beständige Größe: Seit mehr als hundert Jahren gibt es an dieser Adresse in Biebrich ein Ladenlokal, verkauft werden heute Spezialitäten aus Frankreich, Italien, Spanien und der Region, darunter **Salsiccia, Parmaschinken, Pasta, Käse** und feine Weine und natürlich der selbst hergestellte Kaffee. Letzterer macht das Trimonzium und sein Bistro vor allem zum Frühstück zu einer heiß begehrten Location.

Straße der Republik 22, www.trimonzium.de

KRIMINELLE LECKERBISSEN

74

DON PANINO

Auf einen Happen mit dem Paten gefällig? Die unverschämt guten Panini dieses italienischen Lokals, nur einen Katzensprung vom Trimonzium entfernt, sind allesamt nach Mafia-Bossen benannt. Der Klassiker: natürlich der »Vito Corleone« mit Parmaschinken, Tomaten, Mozzarella, Rucola und Pesto Verde.

Rathausstr. 78
www.donpanino.de

KRANSAND BISTROBAR

Im neuen Venice Beach am Rhein steigt jeden Sommerabend eine kleine Party

75

Um auf der Promenade eine Fiesta steigen zu lassen, ist die »Kransand Bistrobar« der perfekte Ort. Als »die blaue Provokation« wird der Container-Kiosk von seinen Betreibern angepriesen. Leicht überspitzt vielleicht, aber entstanden ist er immerhin an einer Ecke Kastels, die lange niemand zur Erholung genutzt hätte. Aus dem ehemaligen Kies-Menz-Gelände ist der Kransand geworden, ein 3000-Quadratmeter-Areal samt Skatepark und Fitnessgeräten, als hätte Wiesbaden jetzt sein eigenes Venice Beach am Rhein. Und für die nötige Verpflegung sorgt die »Bistrobar«, deren Gäste es sich mit einem **Craft-Beer, Cider oder Wein** auf Sitzsteinen am Rand der Tanzfläche gemütlich machen.

Neben der Theodor-Heuss-Brücke
www.kransand.de

STREET-ART AM STROM

76

MEETING OF STYLES

Während die »Bistrobar« nebenan brummt, findet am Brückenkopf im Sommer dieses legendäre Graffitikunst-Festival statt, das mittlerweile Ableger in aller Welt inspiriert hat. Neben den Kunstwerken, die bis zum nächsten Sommer bestehen bleiben, gibt es Breakdance- und Rap-Performances, Skate-Sessions und lässige Partys.

Theodor-Heuss-Brücke
www.meetingofstyles.com

FOTOS: GEORG KNOLL

77

Eine SUPer Idee

Laura Lay war mit dem Stand-up-Paddling-Board schon fast auf der ganzen Welt unterwegs – von Zypern über die Kapverdischen Inseln bis hin zu den Seychellen. Seit über einem Jahr bringt die SUP-Lehrerin, Wirbelsäulentrainerin und Ernährungsberaterin mit ihrem Team anderen in Kursen bei, wie man sich auf dem Brett fortbewegt und dabei auch noch gezielt den Körper trainiert. Sportliche können sich auf dem Brett auch im Yoga oder **»Supinastics«** versuchen – einer Kombination aus Rückengymnastik, Gleichgewichts- und Koordinationstraining auf dem Wasser. Vorkenntnisse braucht man dafür keine, sagt Lay. »Die meisten Kunden, die SUP-Yoga ausprobieren, standen weder vorher auf einem Board, noch machen sie regelmäßig Yoga. Wir haben drei Yoga-Lehrerinnen, die alle auf ihrem Level abholen können.« Weil das Wasser hier ruhiger ist, finden die Kurse in Wiesbaden nur im Schiersteiner Hafen statt. Wer sich zum Paddeln auf den offenen Rhein wagen möchte, dem empfiehlt sie die Strecke von Ginsheim-Gustavsburg zum Schiersteiner Hafen. »Dort ist viel Natur, und die Berufsschifffahrt darf hier nur links fahren.«

Dieter-Horschler-Promenade
www.rhein-sup.com

AUCH MIT WASSERBLICK

78 RHEINLOUNGE

Von der Terrasse schaut man auf die Boote im Schiersteiner Hafen im Süden von Wiesbaden. Dazu gibt es Flammkuchen, Antipasti und Drinks.

Hafenweg 7
www.rheinlounge.com

79 WEINSTAND SCHIERSTEIN

Unterschiedliche Weingüter schenken abwechselnd an der Promenade am Schiersteiner Hafen von April bis Oktober Sekt und Wein aus.

Hans-Römer-Platz
www.rheingau.de

FOTO: DANIEL LEONFORTE/EIGENART FILMPRODUKTION WIESBADEN

Rhein-SUP

Immer schön die Balance halten: Wie man sich mit dem Stand-up-Paddleboard fortbewegt und darauf Yoga macht, zeigen Laura Lay und ihre Kolleginnen im Schiersteiner Hafen

Yoga-Trainerin Franziska Eisenberg macht vor, wie man auf dem Brett die Wirbelsäule entlastet

Durch FREUDENBERG *und* FRAUENSTEIN *mit Katharina Schenk*

Sie ist Mutter, Schauspielerin, Regisseurin und, in einer neuen Rolle, Geschäftsführerin von Schloss Freudenberg: Katharina Schenk. »Ein Schauspielstudium bereitet dich auf alles vor im Leben.« Auch auf die Aufgabe als Fremdenführerin

80

SCHLOSS FREUDENBERG

Vor 30 Jahren kamen meine Familie und ich mit unserem Wanderzirkus in einem verwunschenen Schlosspark im Westen Wiesbadens an. Und blieben. Die riesige Villa, 1904/05 erbaut und damals leer stehend, wurde das Zentrum für unser »Erfahrungsfeld zur Entfaltung der Sinne und des Denkens«. Was das ist? Ich nenne es gerne ein Sozialkunstwerk. Rein äußerlich handelt es sich um ein Schloss mit 58 Räumen – manche klein und verwinkelt und tief im Keller, manche groß und voller Licht –, ein Gelände mit Bäumen, Wiesen, Rutschen, Schaukeln, einem Wasserwerk, einem Barfußpark. Viel Platz für eine Entdeckungsreise der Sinne, ein Spiel mit Sichtachsen, Perspektiven, Schatten, Gerüchen, Tönen. Jeder erlebt es auf seine Weise und nimmt Eindrücke und Anregungen mit. Und auch der Geschmackssinn wird angeregt: in unserem schönen Café.

Freudenbergstr. 224-226, www.schlossfreudenberg.de

81

GOETHESTEIN

Eine einfache, rund 30-minütige Wanderung führt von Freudenberg zu einer Anhöhe in den Weinbergen, auf der eine etwa 13 Meter hohe, sehr spitze Dreieckspyramide aus Natursteinen steht. Sie wurde 1932 zum 100. Todestag von Johann Wolfgang von Goethe hier aufgestellt, der verbrachte nämlich gern Zeit in dieser Gegend und speiste im Ausflugslokal »Hof Nürnberg« gleich nebenan. Und sie soll an einen Ausspruch Goethes erinnern: »Diese Begierde, die Pyramide meines Daseins, deren Basis mir angegeben und gegründet ist, so hoch als möglich in die Luft zu spitzen, überwiegt alles andere.«

Oberhalb der Straße zum »Hof Nürnberg«

MEIN PERFEKTER TAG

Statt morgens, mittags und abends möchte Katharina Schenk Tipps für drei Jahreszeiten geben. Na, dann...

82 IM FRÜHJAHR

Die Kirschblütenstraße zwischen Freudenberg und Frauenstein ist gesäumt von Hunderten Kirschbäumen, im Frühjahr fährt man dort durch ein weißes Blütenmeer.

83 IM SOMMER

Ein kleines Abenteuer für die ganze Familie ist der »Graue Stein«, eine Felsengruppe zwischen Frauenstein und Schlangenbad. Die Kletterfelsen ragen dort bis zu zwölf Meter hoch auf.

84 IM HERBST

Am schönsten, wenn ihr Laub sich verfärbt: die »Blutlinde«, ein sagenumwobener, jahrhundertealter Baum vor der katholischen Kirche St. Georg und Katharina in Frauenstein.

85 ZUM KAPELLCHEN

Nach einem ereignisreichen Tag kehre ich mit meiner Familie gerne in dem Ausflugslokal im Süden von Frauenstein ein. Die Zutaten sind regional, saisonal und möglichst Bio, das Essen hat eine sehr gute Qualität. Ich sitze am liebsten zwischen Obstbäumen im Garten und esse Handkäs im Suppenteller oder »Grie Soß« (Grüne Soße) zum Rheingauer Wein.

Quellbornstr. 95
www.zum-kapellchen-gastronomie.de

86 WEINHAUS SINZ

Frauenstein ganz im Westen Wiesbadens ist gekrönt von einer mehr als 800 Jahre alten Burg und gilt als »Tor zum Rheingau«. Der Weinbau ist hier auch schon jahrhundertealt. Und sehr schön sitzen und Wein trinken kann man im »Weinhaus Sinz«, vor allem auf der begrünten Terrasse! Und wer gar nicht mehr wegwill: Das »Weinhaus« ist auch ein Hotel mit 17 Zimmern.

Herrnbergstr. 17-19
www.weinhaus-sinz.com

87

CAFÉ GUDE

Wer mit dem Bus von Wiesbadens Zentrum zum Schloss Freudenberg fährt, kommt durch Dotzheim und am »Café Gude« vorbei. Ein Stopp dort lohnt sich sehr – für manche wegen der opulenten Torten, für mich wegen der »Gude-Schnitte mit Brie«, einem Brötchen mit Brie-Käse, Walnüssen und Feigenmarmelade. Und wegen des Blicks: auf den ehemaligen Bahnhof Dotzheim, wo es eine alte Diesellock und Triebwagen zu sehen gibt.

Wiesbadener Str. 55
www.cafe-gude.com

FOTOS: GEORG KNOLL; KARTENILLUSTRATION: JOCHEN SCHÄFERS

BAUMSTAMMHAUS

Gut Holz: So wurde aus einem Wohnmusterhaus ein originelles Restaurant

Wer hätte gedacht, dass sich in direkter Nachbarschaft von Fitnessstudio, Fahrradladen und Discounter solch ein kulinarisches Unikat verbirgt? Doch das »Baumstammhaus« in Walluf war Mitte der achtziger Jahre ursprünglich als eines von drei Holz-Wohnmusterhäusern errichtet worden und liegt mitten im Gewerbegebiet. Erst der heutige Eigentümer Mark Pasnon verwandelte ab 1999 den **urigen Holzklotz** in ein Restaurant mit pumperlgemütlichem Berghüttenflair. Die Speisekarte bietet vor allem Herzhaft-Deftiges mit Schnitzel-Schwerpunkt, die Portionen sind mächtig, die Preise nicht. Nett: Vom eigenen Balkon aus gucken die Muppets-Meckerpuppen Statler & Waldorf den Gästen beim Schmausen zu.

Walluf, Am Klingenweg 2
www.restaurant-baumstammhaus.de

HIMMEL AUF HESSENS ERDEN

89

APFELWEINSTUBE IM HIMMELREICH

Dieser Gutsausschank wird seit 1999 vom Ehepaar Lommatzsch geführt und ist von Mitte März bis Ende Oktober geöffnet. Hier einen preisgekrönten Apfelsecco mit Quitte aus eigener Ernte trinken, dazu einen »Himmelreichen Handkäs« – und das Leben ist schön!

Wiesbaden, Himmelreich 1
www.apfelweinstube-im-himmelreich.de

FOTO: GEORG KNOLL

Eine, die
HÖRZU
zu Hause hat
USCHI GLAS
Exklusiv fotografiert
für HÖRZU
Eine Marke der FUNKE Mediengruppe

MADE IN
WIESBADEN & IM RHEINGAU

In der Landeshauptstadt und der Region wird nicht nur strategisch gedacht, sondern auch gerne kreativ! Hier gibt's Vielfalt zum Mitnehmen oder Bestellen

90

VOLLMUNDIGE WEINSCHOKOLADE

Süßes mit Schuss: In der cremigen Vollmilch-Variante (Foto) kommt die Schoki gepaart mit Riesling daher, feinherb-zartbitter gibt's mit Spätburgunder Weinbrand.

ab ca. 6 Euro, an vielen Stellen im Rheingau, z.B. Chocolateria Kunder, Wiesbaden, Wilhelmstr. 12 www.rheingau.de/schokolade

92

GEERDETER GIN

Rheingauer Riesling. Bio-Wacholder aus der Toskana. Dazu Grapefruit, Kumquat und rosa Pfefferbeeren. Ergibt: Gin mit Erdung und Seele.

34,90 Euro, Johannisberg, Schulstr. 3 www.weingut-trenz.de

91

UPCYCLING AUS KAFFEESÄCKEN & MORE

Gebrauchten Kaffeesäcken und anderen Materialien ein neues Leben schenken – das ist die Mission von »Matilda Nola«-Gründerin Patricia Süsz. Jedes Stück ist ein Unikat – alles atmet pure Lebensfreude.

Taschen ab 59 Euro, Wiesbaden, Homburger Str. 29 www.matilda-nola.de

DENKZETTEL

Wo immer es sich gut grübelt, sollte Raum sein für diese 40 Meter Gedächtnisstütze: Auf dem ewig langen »Denkzettel« aus der Manufaktur von Ulf Seydell lässt sich alles festhalten, was der kreative Geist entwickelt. Für die Hand, an die Wand oder auch an den Kühlschrank – und in Nussbaum, Eiche, Rot.

ab 33 Euro, Tourist Info Wiesbaden, Marktplatz 1, www.ulf-seydell.de

93

94

WOHLFÜHL-WEAR

Sneaker, Taschen und individueller Schmuck, aber vor allem ansehnliche Anziehsachen aus angenehmen, vornehmlich italienischen Wohlfühlstoffen bietet der Yukai-Shop. Devise: »Schöne Kleidung macht glücklich« – sinngemäß ist das auch die freie Übersetzung von »Yukai«. Übrigens auch gerne in großen Größen.

Jacke 349, Hose 298 Euro, Wiesbaden, Michelsberg 11, www.yukai.fashion

95

RASSIGER RIESLING-VERMOUTH

Die Blütezeit der Belle Époque wiederbeleben: der Spirit hinter dem »Black Venuss«. Er vereint, was an den Hängen der Ankermühle gedeiht: Riesling, Quitten, Wermut-Kraut. Rassig und süffig.

29,90 Euro, Weingut Ankermühle, Oestrich-Winkel, Ankermühle 1, nach telefonischer Anmeldung www.blackvenuss.de

96

DER KOCHBRUNNEN ALS SEIFEN-PATE

Mit über 65 Grad Wassertemperatur ist der Kochbrunnen Wiesbadens heißeste Thermalquelle. Diese hübsche Seife gibt's mit Palmöl oder ohne.

ca. 4,50 Euro, z. B. bei Tourist Info Wiesbaden, Marktplatz 1 oder Mail: kochbrunnenseife@gmx.de

97

KUNSTWERK FARBKASTEN

Die Farbpaletten seiner Schüler inspirierten den Künstler Mark Hellbusch zu »überdimensionierten Nachbauten, auf denen ich Farbauswahl, Mischen und Bewegen des Pinsels nachempfinde«. Eine Werk-Serie von eigenwilliger Schönheit …

ab 1500 Euro, Artlet, Wiesbaden, Wagemannstr. 2, Fr 10–18, Sa 10–16 Uhr www.markhellbusch.com

98

LOCAL HEROES

Bei »Made im Rheingau« gibt's lokale Goodies.

22 Euro, alle Produkte im Winzerbedarf Rheingau, Oestrich-Winkel, Rheingaustr. 19a www.made-im-rheingau.de

99

MULTI-KERAMIK

Individuelles Geschirr ist nur ein Teil der liebevollen Arbeit, bei der sich Gudrun Vogel schöne Sachen aus Keramik ausdenkt und anfertigt. Ebenso gibt es bei ihr auch Dekostücke für den Garten, Lichtobjekte oder Skulpturen aus dem Tierreich. Klassische Keramikkunst, weiß Vogel aus langjähriger Erfahrung, brauche im Entstehen Zeit, »danach ist sie fast unvergänglich«.

Serie Seegras: Espressotasse 24 Euro, Vasen ab 28 Euro, Müslischale 22 Euro, Keramik Atelier Erbslöh, Geisenheim, Kreuzweg 23, www.keramik-erbsloeh.de

FOTOS: KLAUS KELLER/FRITZ KUNDER GMBH, HAPPY VIBES AGENCY, ULF-SEYDELL.DE, NICOLE GIEGERICH, MARK HELLBUSCH/SMARTIST INC., @MADEIMRHEINGAU

Der Klassiker bei Schlechtwetter bleibt das Kino, besonders diese beliebten Lichtspielhäuser. Aber auch auf den Bühnen in und um Wiesbaden finden sich heitere Shows für verregnete Tage

VORHANG AUF!

ALTE SCHULE RHEINGAU

Mit viel Herzblut ist aus der Dorfschule im Geisenheimer Stadtteil Stephanshausen ein Kulturzentrum mit tollen Konzerten, Varieté und Musiktheater geworden. Den Initiatoren ist immer wichtig, ihrem Publikum etwas zu vermitteln – und das tun sie so unterhaltsam, dass manche Schule noch von ihnen lernen könnte.

Geisenheim, Schulgraben 2
www.alteschule-rheingau.de 100

LITERATURHAUS VILLA CLEMENTINE

Der auffällige Bau von 1882 diente einst als Kulisse für die Verfilmung der »Buddenbrooks«, seit 2001 ist hier nun passenderweise das Literaturhaus zu Hause. Preisgekrönte Autoren und Nachwuchsschriftsteller sind regelmäßig zu Gast, alle zwei Jahre konzipiert ein Autor die Literaturtage mit Filmen, Konzerten oder Ausstellungen.

Wiesbaden, Frankfurter Str. 1
www.wiesbaden.de/literaturhaus 101

THEATER IM PARISER HOF

Bevor Wiesbaden »Weltkurstadt« wurde, befand sich hier ein Badhaus, das zum Treffpunkt der jüdischen Gemeinde wurde. Der schmucke Nachfolgebau beherbergt heute eine Kleinkunstbühne mit gut 120 Sitzen für Kabarett, Comedy-Shows und Tanzabende.

Wiesbaden, Spiegelgasse 9
www.theaterimpariserhof.de 102

103 *Lebenswerk*

HOCHHEIMER KUNSTSAMMLUNG

Rund 100 Werke der einstigen Privatsammlung eines Wiesbadener Ehepaars sind in der Villa Burgeff zu bewundern, darunter Arbeiten von Picasso, Kandinsky und Jawlensky.

Hochheim, Mainzer Str. 35
www.hochheim-tourismus.de

FILM AB!

LINDEN-THEATER

2010 sah es noch so aus, als müsste das letzte Kino im Rheingau seine Türen schließen. Doch wie so oft bedurfte es nur einer guten Idee: Das Linden-Theater ist nun ein integratives Projekt für Menschen mit und ohne Beeinträchtigung – und noch immer ein beliebtes, viel besuchtes Kino.

Geisenheim, Winkeler Str. 54
www.linden-theater.de 104

APOLLO KINOCENTER

Cineplex ist eine von Deutschlands größten Kinoketten, aber die drei Wiesbadener Häuser – Thalia, Arkaden und Apollo – sind nach wie vor eine Familienangelegenheit. Sie gehören der Familie Ewert, die in der Stadt bereits 1927 ein »Kino für jedermann« eröffnete. Neun Jahre später kam das Apollo hinzu, hinter dessen Vintage-Schriftzug über dem Eingang heute fünf Kinosäle Platz haben.

Wiesbaden, Moritzstr. 6
www.cineplex.de/wiesbaden 105

ILLUSTRATION: LENA THALE

SEHEN, WAS SICH LOHNT!
MERIAN SCOUT
200 x LEIPZIG
200 x FREIBURG
200 x AACHEN
200 x BERLIN
200 x KATALONIEN
200 x DEUTSCHLAND
TRAUMROUTEN FÜR CAMPER
200 x ALLGÄU
200 x WIESBADEN & RHEINGAU
AUSSERDEM ERSCHIENEN:
Australien, Braunschweig, Caravaning, Frankfurt, Frankreich, Freiburg, Hamburg, Kassel, Lübeck, Stuttgart, Südtirol, Sachsen
200 X ENTDECKEN. ERLEBEN. GENIESSEN.
Alle Ausgaben in guten Buch- und Zeitschriftenläden oder unter www.merian-shop.de/scout
MERIAN SCOUT
SEHEN, WAS SICH LOHNT!

In der Flörsheimer Warte kann man im Schatten des Turms feine Weine und regionale Spezialitäten genießen

106

106-124

Flörsheim, Hochheim & Wicker

FLÖRSHEIMER WARTE · PENSION TOR ZUM RHEINGAU · WEINGUT KÜNSTLER · DURCH HOCHHEIM MIT SIMON SCHREIBER · WOHNREICH HOCHHEIM · REGIONALPARK RHEINMAIN · RIESLING-SCHLEIFEN

Die sonnenverwöhnte Kulturlandschaft des Rheingau hat alles und kann alles. Überall finden sich zwischen den Reben malerische Plätzchen – auch östlich von Wiesbaden, abseits des Rheins

FOTO: WWW.RHEINGAU.COM/SASKIA MARLOH PHOTOGRAPHY STUDIOS

Stürmt das Türmchen!

So beliebt ist die Flörsheimer Warte, dass Liebhaber des Ausflugslokals in den Wickerer Weinbergen sich auch von miserablem Wetter und Ruhezeiten nicht aufhalten lassen. Selbst als Pächter Holger Wulkow einmal im Januar nur zu Reinigungsarbeiten vorbeischaute, fand er im Schatten des Turms einige Gäste genüsslich ihren Wein trinken. Allzu verwunderlich ist das nicht, die 30 Meter hohe Warte ist laut Wulkow schließlich ein »Aushängeschild des Kreises«, und das schon ziemlich lange: Erbaut wurde sie im 15. Jahrhundert von den Mainzer Erzbischöfen als Bollwerk gegen die räuberischen Horden aus dem Taunus. Mit den Jahrhunderten verfiel sie zunehmend, und so handelt es sich bei dem heutigen Turm um einen Nachbau, der die Horden weniger abschreckt als anlockt. Aufgetischt werden neben Klassikern auch regionale Spezialitäten wie Wisperforellen, dazu gibt es feine **Tropfen aus den umliegenden Weinbergen,** auf die man von der kleinen Aussichtsplattform genauso blicken kann wie bis zur Frankfurter Skyline.

☆ *Flörsheim, Landwehrweg*
www.flörsheimer-warte.de

Pension Tor zum Rheingau

Ideal zum Rasten: Das historische Gasthaus liegt an diversen Wanderrouten

107

Wandern und Wein passen hier perfekt zusammen: Die **traditionsreiche Pension** mit zwölf Zimmern liegt am Weinerlebnisweg Oberer Rheingau in Wicker. Der führt von Massenheim nach Kostheim, wo der Main in den Rhein fließt. Auch Pilger auf der Bonifatius-Route von Fulda nach Mainz kommen an dem denkmalgeschützten Gasthaus aus dem 18. Jahrhundert vorbei sowie alle, die auf der Rheingauer Riesling Route unterwegs sind. Wer eine Rast machen möchte, kann hier eine Kleinigkeit in dem kopfsteingepflasterten, mit Wein begrünten Innenhof essen. Oder Sie bleiben gleich über Nacht und genießen am Morgen ein Frühstück mit Marmelade und Eiern von glücklichen Hühnern aus Wicker.

Flörsheim-Wicker, Taunusstr. 6
www.pension-tor-zum-rheingau.de

GLEICH GEGENÜBER

108 WEINPROBIERSTAND

Wer durch das weinberankte Tor auf der anderen Straßenseite tritt, kommt zum historischen Brunnen von Wicker, dem Herzen des mehr als 1100 Jahre alten Weinbauortes. Hier kann man zwischen April und Oktober am Wochenende Weine lokaler Weingüter probieren, eine Initiative des Winzervereins, den es seit 50 Jahren gibt.

Flörsheim-Wicker, Taunusstraße
www.winzerverein-wicker.de

Weingut Künstler

Der Hochheimer Winzer setzt auf hochwertige Gastronomie

109

Die »Hochheimer Hölle«, deren Reben auf reichem Tonboden gedeihen, ist für viele eher der Himmel. Der Wein gehört für manche zu den besten, die Gunter Künstler und sein Team keltern. »Es ist ein sehr konzentrierter Wein, der eine lange Mitteilung auf der Zunge hinterlässt und eine sehr gute Lagerfähigkeit hat«, sagt der Winzer. Seit 2021 kann man ihn und die anderen Weine des Gutes nicht nur sommers beim Hofausschank probieren, sondern auch in der Weinbar »Pfaffenberg 53« auf Schloss Schönborn in Hattenheim. Zusätzlich eröffnete 2022 auf dem **Stammsitz in Hochheim** das französisch inspirierte Restaurant »Les deux Dienstbach chez Künstler« (s. S. 67).

Hochheim, Geheimrat-Hummel-Platz 1a
www.weingut-kuenstler.de

NACHTISCH GEFÄLLIG?

110

EISMANUFAKTUR

Tim und Michael Brons stellen ihre Eissorten alle selbst »nach alter Tradition« her, größtenteils aus lokalen Zutaten und ganz ohne künstliche Aroma- oder Farbstoffe und Geschmacksverstärker. Bitte Website oder Facebook zu den Öffnungszeiten checken oder nachschauen, wo der firmeneigene Eiswagen gerade steht.

Flörsheim, Gutenbergstr. 8
www.eismanufaktur-wicker.de

FOTOS: GEORG KNOLL

Durch HOCHHEIM mit Simon Schreiber

Das Weinmachen ist hier Familiensache. Simon Schreiber, Jungwinzer des Jahres 2019, führt die Geschicke des Weinguts in der 11. Generation. Natürlich blickt er täglich über den Tellerrand und verrät uns hier seine Lieblingsadressen

111

WEINGUT SCHREIBER

Dass die Familie Schreiber Wein verkaufte, ist ab 1749 urkundlich belegt. Der erste reine Winzer hier war dann mein Vater. Der 1962 erbaute Johanneshof ist heute umgeben von Reben, im einstigen Schweinestall lagern wir die Flaschen, im Bullenstall die Weinfässer, im Kuhstall betreiben wir eine kleine Sektmanufaktur. Hochheim hat eine lange Sekt-Tradition, machte einst der Champagne Konkurrenz, das möchten wir unterstreichen. Unser Schmuckstück ist die 2018 eröffnete Vinothek mit Terrasse, wo im Jahr 70 000 Weinflaschen über die Theke gehen – vor allem natürlich Riesling, aber auch Weiß- und Spätburgunder, Sauvignon Blanc und Merlot.

Johanneshof, www.weingut-schreiber.de

112

KÖNIGIN-VICTORIA-DENKMAL

1845 besuchte die englische Königin diesen Weinberg, der wenig später Königin-Victoriaberg genannt wurde. Dessen damaliger Besitzer ließ 1854 das Denkmal errichten, erst vor Kurzem wurde es saniert. An seiner Rückseite befindet sich ein Brunnen. Man blickt auf den Main und sieht die S-Bahnen vorbeifahren. Und man steht mitten in einer Monopol-Lage, inzwischen bewirtschaftet vom Weingut Flick in Wicker. Die englische Krone ziert das Etikett der Flaschen. Und bis heute wird das Königshaus mit Riesling aus dieser Lage beliefert.

MEIN PERFEKTER TAG

Mal Kollegen treffen, mal Fine Dining , vorher jedoch mit dem Rad zum Kinderspielplatz. Abwechslung pur

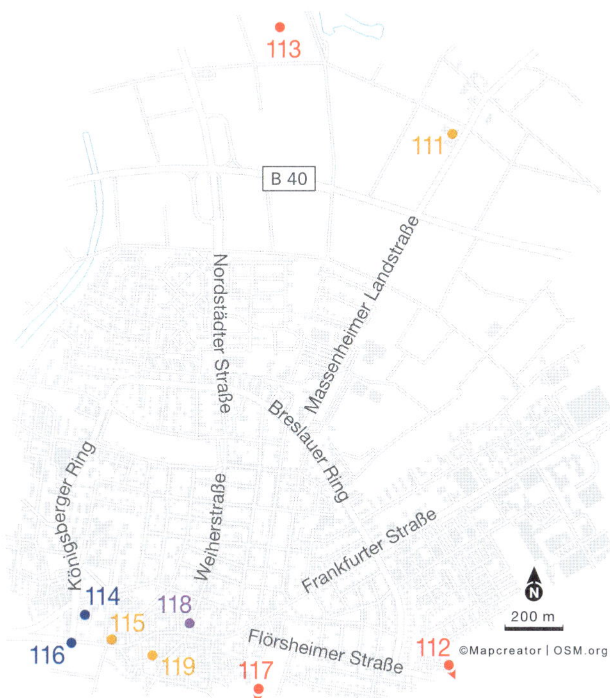

113 MITTAGS

*Ganz in der Nähe unseres Weinguts liegt ein riesiger **Spielplatz** mit tollem Klettergerüst. Er gehört zum Regionalpark Rheinmain und liegt auf einer Rundroute, die sich als Radtour anbietet.*

Spielpark Hochheim

114 SPÄTNACHMITTAGS

*13 Jungwinzer aus der Region, darunter auch ich, haben sich unter dem Namen **MainWerk³** zusammengeschlossen. Am ersten Donnerstag der Sommermonate feiern wir unsere Weine im Hummelpark beim After Work.*

Hummelpark

115 ABENDS

*Wenn ich mal richtig gut essen gehen möchte, dann im **Les deux Dienstbach chez Künstler** im Weingut Künstler gleich gegenüber vom Daubhäuschen. Die Küche ist gehoben französisch, mir schmeckt dort einfach alles.*

Geheimrat-Hummel-Platz 1a
www.les-deux-dienstbach.de

116 DAUBHÄUSCHEN

An sonnigen Tagen ist von hier in der Ferne der Mainzer Dom zu sehen. Und zur schönen Aussicht gibt es an Sommer-Wochenenden Sekt – vor allem unsere Sorten. Gebaut wurde der hübsche kleine Pavillon 1892 vom Sektproduzenten Peter Boller als Teehäuschen für seine Frau Margarethe. Sie litt unter Atembeschwerden und genoss hier, mitten im Weinberg, die gute Luft. Dank einer privaten Initiative, an der auch mein Vater beteiligt war, wurde das Daubhäuschen renoviert und 2015 als Treffpunkt der Hochheimer wiedereröffnet. *Mainzer Str. 28*
www.daubhaeuschen.de

117 SCHÖNE AUSSICHT

Sonntags ist rund um diese Wegkreuzung in der Fortsetzung der Bahnhofstraße die Hölle los. Man sieht weit über die Rebhänge und den Main, der an dieser Stelle sehr breit ist und nur ein Stück weiter in den Rhein mündet. Ich mag besonders die Aussicht auf die Altstadt von Hochheim mit der herausragenden Kirche St. Peter und Paul, dem Wahrzeichen. In dieser Kirche sind übrigens aufwendig restaurierte Fresken zu sehen.
Bahnhofstr. 2a

118 ZUCKERBÄCKEREI MAALULA

Hier wird alles selbst gebacken, auch viel nach orientalischen Rezepten und bei Bestellungen unter Berücksichtigung aller Wünsche. Heike Weimer, die Chefin, hat lange in der Flüchtlingshilfe gearbeitet, viele Rezepte aus Syrien gesammelt und dann mit Anfang 50 noch ihren Konditormeister gemacht. Zum Glück! Grandios sind die Torten. Wenn meine Tochter Geburtstag hat, wird hier bestellt.
Weiherstr. 2, www.maalula.com

119 WEINGUT PREIS

Ich bin sehr gerne in Hochheims Altstadtgassen unterwegs, nicht nur Anfang Juli während des Weinfestes. Dann schwappt das Leben hier bis in die Weinberge. Wer zu einer anderen Zeit kommt, kann aber auch sehr gut einkehren – etwa im Gutsausschank des Weinguts Preis – wo es Spundekäs, Schnitzel und Weine gibt.
Rathausstr. 17
www.weingut-preis.de

FOTOS: GEORG KNOLL, VOLKER RENNER (1); KARTENILLUSTRATION: JOCHEN SCHÄFERS

Hochheim am Main
Lebensfreude genießen!
#hochheimermarkt
#hochheimerweinfest
#pfarrkiche
#weinbaumuseum
#heimatmuseum
#kunstsammlung
#vinothekhochheim
© Woody T. Herner
WWW.HOCHHEIM-TOURISMUS.DE

Entdeckt ELTVILLE am RHEIN
Geführte Rundgänge durch die Wein-, Sekt- und Rosenstadt
#historischeAltstadt
#Schlenderweinprobe
#Fachwerkhäuser
#KurfürstlicheBurg
#Rosengarten
ELTVILLE_AM_RHEIN_OFFICIAL
STADTELTVILLE
WWW.ELTVILLE.DE
ELTVILLE AM RHEIN
WEIN-, SEKT- UND ROSENSTADT

Wohnreich Hochheim

Mode, Schmuck und schönes Design

120

Ihre Reisen in die Niederlande und nach Skandinavien inspirierten Marion Hoffmann-Sommer dazu, ihren früheren Beruf als Chemielaborantin aufzugeben und stattdessen einen Laden für Dinge zu eröffnen, die das Leben schöner machen. Aus den ursprünglich 20 Quadratmetern Ladenfläche wurden 100. Hier kann man wunderbar stöbern zwischen Regalen mit skandinavischem Interior-Design wie Geschirr von Broste Copenhagen. Seit drei Jahren gehört auch Mode aus den Niederlanden zum Sortiment. »Ich versuche, möglichst nur Hersteller aufzunehmen, die **fair und in Europa** produzieren«, sagt Marion Hoffmann-Sommer. Hygge-Gefühl mit gutem Gewissen – eine perfekte Kombination.

Hochheim, Frankfurter Str. 6
https://wohnreich-online.com

DIE STRASSE RUNTER

121

ARTEMODA

Bei der Künstlerin Christine Kreis und Daniele Di Domenicantonio aus Rom kann man nicht nur italienischen Rot- und Weißwein sowie Wein aus der Region genießen, sondern auch kreative Mode einkaufen, teils von Kreis selbst entworfen. Am besten kommt man an einem der Abende mit Livemusik.

Hochheim, Frankfurter Str. 1
www.artemoda-mode-kunst-wein.de

Regionalpark Rheinmain

Hoch hinaus oder lieber mit Bodenhaftung? Hier findet jeder sein Lieblingserlebnis

122

Wer sich traut, diese 19 Meter hohe Kletterwand aus Kunstfels gleich neben dem Biomasse-Kraftwerk in Flörsheim zu erklimmen, hat einen der besten Ausblicke über den Regionalpark Rheinmain mit seinen **zahlreichen Attraktionen.** Weniger Geübte nehmen für mehr Weitsicht einfach die 170 Stufen des Aussichtsturms am Besucherzentrum bei den Weilbacher Kiesgruben. Mehr als 300 solcher Erlebnisorte bietet der Park, darunter begehbare Kunstwerke wie einen Eisenbaum – ebenfalls mit Aussichtsplattform – bei Flörsheim. Verbunden werden sie und viele weitere durch rund 550 Kilometer Rad- und Wanderrouten. Klasse besonders für Familien sind die derzeit 21 Bauernhofstationen an der Rundroute mit Cafés und Läden.

www.regionalpark-rheinmain.de

FOTO: STEFAN COP

LIEGT NAHE DER RUNDROUTE

123

TOMS FARM

Von diesem Hof in Flörsheim aus kann man Touren mit Eseln auf dem Bonifatiusweg und durch die Wickerer Weinberge unternehmen. Die Tiere wurden von Schlachthöfen freigekauft oder stammen aus Tierheimen. Heute dürfen Walter, Rudi, Bounty und ihre Herde bei Tom Baumann ihren Lebensabend verbringen.

Flörsheim, Kirchstr. 1
www.toms-farm.de

RIESLING-SCHLEIFEN

Auf den Spuren der berühmten Tropfen wird jetzt durch die Weinberge gewandert

»A good hock keeps off the doc!«, soll schon Queen Victoria nach ihrem Besuch im Rheingau berichtet haben – ein guter Hochheimer macht den Arzt eben entbehrlich. Auf mehr als 3000 Hektar der Region wachsen heute Reben, knapp 80 Prozent davon enden in Rieslingen, die auch das Aushängeschild einer der neuesten Attraktionen des Rheingau sind: Anfang Juni 2023 wurden die Riesling-Schleifen feierlich eingeweiht, **14 neue Wege für Genusswanderer,** die mitten hineinführen in die herrliche Weinlandschaft. Die Schleifen sind alle zwischen vier und neun Kilometer lang und widmen sich jeweils einem für den Riesling besonderen Aspekt wie dem Terroir, Kräutern oder Blumen. Selbstverständlich finden sich am Wegesrand jede Menge Weingüter, Vinotheken und Straußwirtschaften zum Einkehren – und bisweilen auch eine kuriose Kunstinstallation wie der »Eisenbaum« (Foto) zwischen Flörsheim und Hochheim, der gleichzeitig als Aussichtsturm fungiert. Besonders schön: die zweite Riesling-Schleife, die am Hochheimer Bahnhof beginnt und zunächst durch die Altstadt und hinauf zur vortrefflich benannten »Schönen Aussicht« führt, von der man bis zur Frankfurter Skyline blickt. Weiter geht's zum Königin-Victoriaberg, auf dem ein Denkmal an den Besuch der britischen Königin im Jahr 1845 erinnert (siehe S. 67). Am besten hat man eine Flasche Riesling im Gepäck und stößt hier oben feierlich mit Victorias bis heute gültigem Trinkspruch an, bevor es am Main entlang nach rund zwei Stunden Laufzeit zurück nach Hochheim geht.

www.rheingau.com/rieslingschleifen

FOTO: HELMUT VOGLER/ADOBE STOCK

Das 5-Sterne-Hotel HOHENHAUS wird empfohlen von „Slow Food Deutschland". Fest in der Region verankert, hat sich das Haus verpflichtet, traditionelle Regionalküche zuzubereiten und diese mit den neuen Entwicklungen in der Gastronomie zu vereinbaren. Dass das hervorragend funktioniert, beweist die Auszeichnung mit einem Stern im Guide Michelin Deutschland.

Michelin 2023

@hotelhohenhaus

Farm to table

Hotel Hohenhaus – this is the place to be.

Mitten in Deutschland und doch in absolut ruhiger Lage liegt das Relais & Châteaux-Hotel HOHENHAUS. Hier können Sie die unvergleichliche und ursprüngliche Natur genießen. Das stilvolle Hotel ist eine perfekte Oase für anspruchsvolle Gourmets und Naturliebhaber. Die Wartburg, die Goethestadt Weimar und das Schloss Wilhelmshöhe mit der umfangreichsten Rembrandt-Sammlung der Welt locken zu erlebnisreichen Ausflügen.

„Wir möchten Handarbeit für unsere Gäste wieder erlebbar machen", lautet das Credo des Hoteldirektors und Küchenchefs Peter Niemann. Für das Restaurant „Hohenhaus Grill" hat er nach der erklärten Devise ein Menü kreiert, bei dem alle Zutaten aus nächster Nähe kommen. Das Getreide für Ruch- und Dinkelbrot wird rund um Gut Hohenhaus angebaut. Demeter-Gemüse kommen aus Herleshausen, luftgetrocknete Wurst aus den Lehmkammern der Metzgerei Opfer in Datterode. Das Deutsch-Angus-Bioland-Rind wird von Familie Zimmermann in Willershausen aufgezogen, und vom ihrem Nordhof stammen auch die Eier.

„Farm to table", ein Konzept, für das andere Gourmetlokale enormen Aufwand betreiben. Hier, im Hotel HOHENHAUS, ist das kein Trend, sondern seit Jahren gelebtes Selbstverständnis. Das HOHENHAUS-Team freut sich darauf, Sie zu verwöhnen.

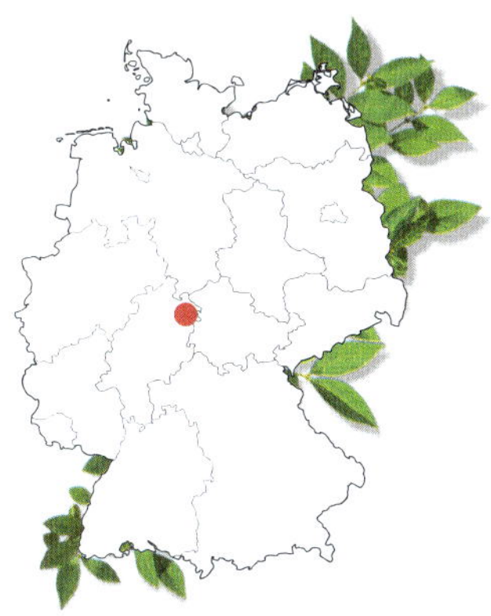

HOTEL HOHENHAUS

RELAIS & CHÂTEAUX

37293 Herleshausen
Telefon: +49 56 54 98 70
E-Mail: info@hohenhaus.de

WANDERN

Die entschleunigte Art, den Rheingau zu entdecken: Auf diesen sieben Wanderwegen, am Rhein entlang, durch goldene Weinberge oder auf die Höhen des Taunus hinauf, finden Sie Seelenfrieden!

KLASSISCH

FLÖTENWEG

Schöne Rheinpanoramen auf der 10 km langen Spaziertour durch die Weinberge – von Johannisberg nach Hallgarten. Einmal im Jahr lockt das große Fest »Wandererlebnis Flötenweg« mit Musik und Verkostung entlang der Strecke.

www.rheingau.de/wanderwege/ floeten weg; www.floetenweg.de 125

GUTENBERG-WEG

In Eltville, wo ein Teil seiner Familie lebte, ist er »Man of the Millennium«: Johannes Gutenberg, Erfinder der Buchdruckkunst. Längs des 24 km langen Rundwegs um die älteste Stadt des Rheingau – auch in Etappen begehbar – informieren 26 Tafeln über das Werk Gutenbergs.

www.eltville.de/freizeit-tourismus/aktiv-vital/wandern 126

TAUNUS-RUNDWANDERWEG

Stadtflucht vom Feinsten: Aus der Innenstadt Wiesbadens wandern Sie über 13 km gemütlich durch Kurpark und Salzach-Tal den Neroberg hinauf. Oben belohnt der herrliche Rundblick über die Stadt.

Start: Wiesbaden, Marktplatz 1
www.rheingau.com/taunus-rundwanderweg 127

WEINLEHRPFADE

Walk mit Mehrwert – Weinwissen direkt vor Ort auf diesen Wegen:

- ***www.weinlehrpfade.de/neueseite/geisenheim***
- ***www.rheingau.com/weinerlebnisweg-oberer-rheingau***
- ***www.rheingau.de/wanderwege/weinlehrpfad-frauenstein*** 128

129 *Gigant*

RHEINSTEIG

Wer alles will, ist hier richtig: Der Rheinsteig von Wiesbaden bis Bonn ist 320 km lang, die Rheingau-Etappe Wiesbaden – Lorch hat 80 km. Liebliche Landschaften, dunkle Taunuswälder, der Fluss manchmal fern und doch so nah.

www.rheinsteig.de

EXTRAVAGANT

RHEINGAUER KLOSTERSTEIG

Sechs Klöster verbindet diese 2-Tage-Tour mit Start in Eberbach. Weitere Stationen: Johannisberg, das sich für eine Halbzeit-Übernachtung anbietet, Marienthal, Nothgottes, St. Hildegard und das ehemalige Zisterzienserinnen-Kloster Marienhausen. Nette Auflockerung für Groß und Klein: die Rätselspaß- und Stempelpass-App »Klostersteig for you(th)«.

www.rheingau.com/klostersteig 130

WALK LIKE A LOCAL

Die Idee ist nicht nur preisverdächtig, sie hat schon Preise gewonnen! »Walk Like A Local« packt Dir Deine persönliche Tasche für »Deine Weintour«. In die Box kommen Tickets, Wein, Gläser, Landkarte sowie Spielkarten, die »das Herzstück« der Touren sind. Durch die Karten erfährt man Wissenswertes und kann mittels QR-Code Video- und Audiofiles abrufen.

www.walklikealocal.de 131

ILLUSTRATION: INKE CRON

Leuchtturm im Grünen: Schloss Vollrads ragt rund zwei Kilometer hinter Winkel aus dem Rebenmeer

132

132-160

Eltville, Kiedrich & Oestrich-Winkel

SCHLOSS VOLLRADS · HAUSBOOT SCHWABBEL · KELLER & KUNST KONTOR · KLOSTER EBERBACH · JULIAS GUTSHOTEL HEIMSPIEL KNYPHAUSEN · ADLER WIRTSCHAFT MARIANNENAUE · DURCH ELTVILLE MIT DUNJA KOPPENHÖFER ALLENDORF AM RHEIN · NÄGLER`S FINE LOUNGE

Westlich von Wiesbaden tauchen Gäste in eine wunderbare Weinregion ein. Sanft geschwungene Weinberge prägen diesen Landstrich zwischen Taunus und Rhein. Sein Star: der Riesling, der hier überall richtig gut reift

---

Genussvoll durch die Geschichte

Was für ein Ort! Umgeben von einem Wäldchen und sanft geschwungenen Hügeln sitzt Schloss Vollrads etwas abseits von Oestrich-Winkel im Grünen. Schon als die Adelsfamilie Greiffenclau hier um 1330 einen ersten Wohnturm errichten ließ, baute sie in der Umgebung Wein an. So ging es über die Jahrhunderte weiter, 27 Generationen lang. Und auch als in den 1990er Jahren eine Sparkasse neue Besitzerin von **Schloss Vollrads** wurde, blieben Turm und Tradition bestehen. Heute ist das mehrmals erweiterte Schloss ein Weingut mit rund 63 Hektar, auf denen einzig Riesling wächst. Und es ist ein attraktives Ausflugsziel. Unser Tipp: Spazieren Sie durch die berühmte Lage Schlossberg und erleben Sie danach in der Vinothek oder im Restaurant, was für feine Weine sie hervorbringt. Für alle, die tiefer in die Geschichte eintauchen möchten, finden regelmäßig Führungen durch das Herrenhaus statt. Auf manchen werden Weine verkostet – immerhin geht es hier um acht Jahrhunderte Weinbaukultur!

Oestrich-Winkel, Vollradser Allee 1
www.schlossvollrads.com

FOTO: GEORG KNOLL

Hausboot Schwabbel

Der Smutje dieses Restaurantschiffs begeistert mit seinen Handkäs-Variationen

133

Tiefstapeln liegt wahren Wasserratten mehr als maßlose Übertreibung. Und obwohl sie Hunderte Kilometer vom Meer entfernt zu Hause sind, kann man die Besitzer des »Schwabbel« wohl dazuzählen, wenn sie ihr Boot als »das tollste Restaurantschiff in ganz Niederwalluf« beschreiben. Das ist es sicherlich, man könnte sogar so weit gehen, es als ein über die Ortsgrenzen hinaus heiß geliebtes Ausflugsziel zu bewerben: An Bord des mit allerhand **maritimen Memorabilia** gemütlich eingerichteten Kahns gibt es Speisen wie Flammkuchen, leckeren Handkäs (überbacken oder in Balsamico). Bei Sonnenschein kann man auch auf der Terrasse am Steg Platz nehmen, von wo aus sich das »Schwabbel« in seiner ganzen Pracht begutachten lässt.

Walluf, Rheinallee, www.schwabbel-walluf.de

FRISCH UND DEFTIG

134

RESTAURANT ZUR SCHLUPP

Die feinste Adresse von Walluf ist in diesem Haus von 1608 zu finden, wo Küchenchef Michael Ehrhardt mit seiner Frau schon seit mehr als 20 Jahren frische saisonale Küche auftischt. Gourmets bestellen das fünf Gänge umfassende Degustationsmenü, besonders lecker sind Ehrhardts deftige Gänse- und Schmorgerichte.

Walluf, Hauptstr. 25
www.gasthauszurschlupp.de

Keller & Kunst Kontor

Diese Vinothek im alten Winzerdorf führt ein Doppelleben als Atelier

Hubert Allert leitete im Rheingau schon das Schloss Reinhartshausen sowie die Burg Crass, er versteht also etwas davon, alte Räume mit neuem Leben zu füllen. Mit seinem jüngsten Projekt hat er das erneut bewiesen: In den Räumen einer ehemaligen Bäckerei im gotischen Weindorf Kiedrich eröffnete er 2017 sein »Keller & Kunst Kontor«, eine wohltemperierte Mischung aus Vinothek und Atelier. Zu verkosten gibt es **rund 80 verschiedene Weine,** ausgeschenkt wird zu fairen Weingutspreisen, und zu den allermeisten Tropfen weiß Allert spannende Geschichten zu erzählen. Die Kunstwerke an den Wänden lassen sich kaufen, darüber hinaus finden im Kontor auch Lesungen, Wein- und Sektproben sowie das beliebte Late-Night-Shopping statt.

Kiedrich, Oberstr. 14, www.kellerundkunst.de

FOTOS: GEORG KNOLL

GEDIEGENER GENUSS

136

CAFÉ GINKGOGARTEN

Nur rund hundert Meter vom Kontor entfernt liegt dieses Café und Bistro auf einer einstigen Hofreite aus dem 18. Jahrhundert. Im Gastraum, der früher eine Kelterhalle war, sitzt es sich gediegen, aber bei Sonnenschein zieht es alle hinaus auf die malerische Gartenterrasse – für eine Wisperforelle oder ein Stück Kuchen.

Kiedrich, Marktstr. 28
www.cafe-ginkgogarten.de

KLOSTER EBERBACH

Die Mönche sind vor über 200 Jahren ausgezogen, doch die ehemalige Klosteranlage ist voller Leben. Denn sie ist eines der wichtigsten Kulturdenkmäler des Rheingau und Herzstück eines riesigen Weinguts

Bereit für große Auftritte: In der dreischiffigen Basilika finden regelmäßig Konzerte statt

137

PURER GENUSS

Kein Gold, kein Schmuck, keine Schnörkel. Nichts sollte in der Basilika des Klosters Eberbach von der Andacht ablenken. Längst singen darin keine Mönche mehr wie im Film »Der Name der Rose« mit Sean Connery, durch den die alten Klostermauern als Drehort weltbekannt wurden. Doch bis heute beeindruckt die romanische Kirche aus dem 12. Jahrhundert durch ihre Schlichtheit. Besonders wenn wieder Musik erklingt: Regelmäßig finden in der **Basilika** Konzerte statt. Über mehrere Jahre wurde sie saniert, jetzt sorgen eine LED-Beleuchtung und unterirdische Kabelkanäle für ein noch intensiveres Erlebnis von Klang und Architektur. Die Konzerte sind nur eine der vielen Facetten des 1803 aufgelösten Zisterzienserklosters, um das sich heute eine gemeinnützige Stiftung kümmert. Durch ein Hotel, eine Klosterschenke, ein Museum und diverse Führungen, die selbstverständlich auch durch die Basilika führen, füllt sie dieses einzigartige Kulturdenkmal mit Leben. Dabei geht es genauso um Glauben wie um Genuss: Schon die ersten Mönche, die aus dem Burgund hierhergezogen sind, haben Wein angebaut. Aus dieser Tradition entstand nicht nur eines der ältesten, sondern mit rund 230 Hektar auch das größte Weingut in Deutschland – mit beeindruckenden historischen Fasskellern in der Klosteranlage und Regalen voller Weinschätze. Ältester Jahrgang: 1706.

Eltville, Kloster-Eberbach-Str. 1
www.kloster-eberbach.de

MERIAN scout: Julius Wagner, Sie sind seit Januar 2023 neuer Vorstandsvorsitzender der Stiftung Kloster Eberbach. Befindet sich Ihr neues Büro jetzt hinter dicken Klostermauern?

JULIUS WAGNER: *Tatsächlich. Ich arbeite in einem Barockbau, dem »Neuen Krankenhaus«, und schaue vom Büro hinaus auf die Basilika. Aber die Mauern sind zum Glück sehr durchlässig, das Kloster ist in der Region sehr gut vernetzt und beachtet.*

Gibt es darin noch bisher nicht öffentliche Bereiche, die Sie gerne für Gäste zugänglich machen möchten?

Ja, zum Beispiel hinter der sogenannten »verbotenen Tür«, die im Film »Der Name der Rose« zu Schriften antiker Philosophen führt. In Wahrheit verbirgt sich dahinter aber der Treppenaufgang zum Glockenturm. Der Bereich ist sehr sehenswert, die Dachstühle sind aufwendig instandgesetzt worden.

Ein großes Projekt der Stiftung ist die Neugestaltung des Museums. Was ist geplant?

Wir wollen das kulturhistorische Erbe des Klosters Eberbach neu inszenieren und es mit wichtigen Themen der Gegenwart verbinden. In der neuen Erlebniswelt soll es beim Weinbau zum Beispiel nicht nur um die Geschichte gehen, sondern auch um die aktuellen Herausforderungen durch den Klimawandel. Das Prinzip der zisterziensischen Eigenbewirtschaftung wiederum veranschaulicht naturnahes Arbeiten, da geht es um Nachhaltigkeit.

Wollen Sie damit die historischen Bauten auch für ein junges Publikum relevant und attraktiv machen?

Ja, auch. Dafür muss das Ganze natürlich gut inszeniert sein. Vor Ort setzen wir auf digitale Möglichkeiten der Präsentation und auf echte Erlebnisse, etwa den Umgang mit Bienen. Zudem haben wir gerade Equipment angeschafft, um auf den sozialen Netzwerken präsenter zu werden und eine gute Bildsprache zu entwickeln. Auch ein Podcast ist gestartet.

Zu den Zukunftsplänen gehört auch der Ausbau des Hotels. Eine Erweiterung auf denkmalgeschütztem Areal ist sicher keine einfache Angelegenheit ...

Nein, aber es gibt einen gelungenen Entwurf für einen Neubau. Ohne die alte Architektur zu imitieren, wird er sich durch seine schlichte Form und durch Materialien, die auch beim Klosterbau verwendet wurden, fantastisch in das Gelände einfügen.

Haben Sie im Kloster Eberbach schon Ihren persönlichen Lieblingsort gefunden?

Ja, der Kapitelsaal. Durch sein gotisches Strahlengewölbe ist er schon architektonisch wunderschön. Aber noch wichtiger ist für mich seine Bedeutung: Er war die demokratische Herzkammer des Klosters. Hier wählten die Mönche den neuen Abt und besprachen wichtige Themen, vom Tagesgeschäft bis zu den Regeln, die in dieser großen Männer-WG galten.

1

2

FOTOS: MICHAEL LEUKEL SVEN MOSCHITZ, GEORG KNOLL (2), VOLKER RENNER

1 Ausflug ins Grüne: Die ehemalige Klosteranlage ist von viel Wald umgeben 2 Bei den Weinproben im Hospitalkeller sorgt Kerzenlicht für Atmosphäre 3 Zum Weingut Kloster Eberbach gehört auch die topmoderne Domäne Steinberg

VIEL WEIN UND KULTUR

138 RHEINGAU MUSIK FESTIVAL

Jeden Sommer bringt das Festival die Basilika des Klosters Eberbach zum Klingen – und die gesamte Region mit dazu. Denn vom Auftakt Ende Juni bis zum Schlussakkord Anfang September finden an mehr als drei Dutzend Orten etwa 150 Konzerte statt. Das Ambiente ist dabei oft außergewöhnlich, zu den Spielstätten gehören Schlösser und Burgen, Kirchen, Weingüter und das Kurhaus von Wiesbaden. Das Programm ist hochwertig, umfasst neben Klassik auch Jazz und Weltmusik und ist von vielen Talenten geprägt. 2023 sind etwa die Cellistin Sol Gabetta, der Geiger Daniel Hope und die Sängerin Dee Dee Bridgewater mit dabei – beste Voraussetzungen also für gelungene Konzertabende in besonderer Atmosphäre.

Eltville
www.rheingau-musik-festival.de

139 WEINGUT KLOSTER EBERBACH

Wer sich einmal durch die Region kosten möchte, ist hier richtig: Das riesige Anbaugebiet des Weinguts Kloster Eberbach reicht vom Mittelrheintal bis zur Hessischen Bergstraße. Das breite Sortiment lässt sich in der Vinothek mit Weinbar kennenlernen oder auf einer der Klosterführungen mit Weinproben. Ein weiteres Highlight ist nur einen knappen Kilometer entfernt: die Domäne Steinberg, ein hochmoderner Weinkeller, der dem Riesling gewidmet ist. Hier finden ebenfalls Kellerführungen und Verkostungen statt. Kleine Snacks und Wein bietet hier auch das »Schwarze Häuschen« – ganz lauschig mitten in der berühmten Lage Steinberg.

Eltville, Domäne Steinberg
www.kloster-eberbach.de/wein

JULIAS GUTSHOTEL

Der alte Jesuitenhof hat sich zum liebevollen Familienhotel gemausert

Wer sich schnell wie ein echter Rheingauer fühlen wolle, sollte sich am besten in der alten Kate einquartieren, verspricht dieses Hotel. Das 2019 renovierte Ferienhäuschen ist eines der Schmuckstücke von Julia von Oetingers Gutshaus, einem ehemaligen Jesuitenhof, der sich seit rund 200 Jahren im Besitz ihrer Familie befindet. Neben der Kate und einem Ferienapartment mit privater Loggia haben heute 16 schmucke Zimmer auf dem Anwesen Platz. Zudem gibt es einen sehr schön angelegten Garten, durch den ein Bach plätschert, und der Frühstücksraum wird nachmittags zum **Café Gutshof,** in dem die Patisserie Pretzel ihre leckeren Kuchen und Torten an die Gäste bringt.

Eltville-Erbach, Rheinallee 2
www.julias-gutshotel.de

MEHR KAFFEE UND KUCHEN

141

CAFÉ GLOCKENHOF

Die süße Spezialität dieses Traditionshauses ist das Eltviller Rosentörtchen, eine mit Marzipan ummantelte Köstlichkeit. Es gibt aber auch leichtere Kuchen und Strudel im Angebot sowie leckere Flammkuchen. Wer danach so voll ist, dass die Heimfahrt zu beschwerlich wird: Zum Café gehört auch ein nettes Hotel.

Eltville, Marktstr. 3
www.hotelglockenhof.de

HEIMSPIEL KNYPHAUSEN

Große Hausparty! Ein Sänger lädt zum Festival auf den Hof seines Bruders ein

142

»Es ist wichtig, dass es gemütlich bleibt«, sagt Gisbert zu Knyphausen, »dass man auch bei der letzten Band des Tages noch ganz entspannt nach vorne zur Bühne laufen kann.« Damit beschreibt der Singer-Songwriter den familiären Geist des von ihm gegründeten »Heimspiel« vortrefflich: Jeden Juli findet es auf dem Draiser Hof statt, wo er selbst aufwuchs. Aus den Konzerten, die er dort im Andenken an seine Mutter spielte, wurde ein kleines Festival, bei dem **Top-Acts wie Kettcar oder Element Of Crime** auftreten. Den Rest des Jahres ist der Hof ein bezauberndes Weingut, das von Gisberts Bruder Frederik geleitet wird und dank einer hervorragend bestückten Vinothek zum Besuch einlädt.

Eltville-Erbach, Erbacher Str. 26–28
www.heimspiel-knyphausen.de

RHEINGAUER FESTIVALSOMMER

143

EROICA GERMANIA

Wenige Wochen später startet ebenfalls auf dem Draiser Hof dieses Outdoor-Festival, dessen Herz drei Fahrradrundfahrten durch die herrliche Landschaft des Rheingau sind – 42, 80 und 122 Kilometer lang. An den Tagen drumherum gibt es ein auf Radler perfekt ausgerichtetes Programm – samt Flohmarkt, Filmfestival und Livemusik.

Eltville-Erbach, Erbacher Str. 26–28, www.eroica.cc

FOTO: DENIS SCHINNER/DESC PHOTOGRAPHY

ADLER WIRTSCHAFT

Ohne Übertreibung: großartig essen, großartig trinken, großartige Gastgeber

Es stand in MERIAN (und manchmal muss man es wiederholen, denn besser geht's nicht!): »Diese Familie hat sich durch die Galaxie der Sternerestaurants gekocht – um schließlich da zu landen, wo es nur um zweierlei geht: guten Geschmack und gute Lebensbedingungen für die Tiere auf dem eigenen Hof. Franz Keller (l.) und Franz Keller-Wohl, der Sohn, sind hier in der Küche des »Falkenhofs« zu sehen, wo sich vor der Tür Bunte Bentheimer Schweine suhlen. Deren Fleisch und andere sensationell gute und zugleich sensationell zubereitete Produkte gibt es in Kellers **Adler Wirtschaft.** Wer das Restaurant betritt, weiß sofort: Das kann ein grandioser Abend werden! Wir empfehlen das »Große Adleressen«, bestehend aus gut 15 lecker arrangierten Speisen.

Eltville, Hauptstr. 31, www.franzkeller.de

UND VOR DEM ESSEN: KUNST

145

KUNSTKELLER G. MÜLLER

Was für eine originelle Idee: Ein mehr als 250 Jahre alter Weinkeller wurde zum Kunstkeller umfunktioniert. Im zum Weingut Georg Müller gehörenden Gewölbe sind nun Installationen, Lichtobjekte, Skulpturen und Gemälde von Künstlern aus aller Welt ausgestellt. Ein sehr spannendes Konzept, sehenswert.

Eltville, Eberbacher Str. 7-9
www.georg-mueller-stiftung.de

MARIANNENAUE

Auf dieser Rhein-Insel herrscht ein besonders mildes Mikroklima

146

Mitten im Riesling-Gebiet Rheingau bauen Winzer Stefan Lergenmüller und seine Partnerin Ute Müller-Clark vor allem Weißburgunder und Chardonnay an. Die Rebstöcke gehören zu den ältesten ihrer Art in Deutschland. Lergenmüller hat sie übernommen, als er vor zehn Jahren mit seinem Bruder Jürgen das Gut auf der Mariannenaue kaufte. Auf der **Rhein-Insel** herrscht durch ihre besondere Lage an einer breiten Stelle im Rhein zwischen Eltville und Ingelheim ein einzigartiges, mildes Mikroklima. Gewirtschaftet wird ganz ohne Chemie, denn seit 1972 steht die Insel unter Naturschutz. Betreten darf man die Mariannenaue deshalb auch nur im Rahmen einer Führung.

www.schloss-reinhartshausen.de

GLEICH GEGENÜBER

147

SCHLOSS REINHARTSHAUSEN

Am gegenüberliegenden Ufer liegt das fast 700 Jahre alte Weingut, zu dem die Mariannenaue gehört. Hier kann man mit Blick auf die Insel im Herrenhaus übernachten oder einfach auf ein Glas in der Vinothek einkehren. Neben diversen Weinen stehen auch die Brände von Lergenmüllers Streuobstwiese auf der Karte.

Eltville, Hauptstr. 39
www.schloss-reinhartshausen.de

FOTOS: VOLKER RENNER, GEORG KNOLL

Durch ELTVILLE mit Dunja Koppenhöfer

Wir wollen hier immer nur die besten Stimmen zu Wort kommen lassen. In diesem Fall ist es sogar eine besonders schöne. Sängerin und Vocalcoach Dunja Koppenhöfer führt Sie zu ihren Lieblingsplätzen. Das sind alles echte Hits!

148

BURG CRASS

Platanen bilden ein Dach, der Kiesboden knirscht unter den Füßen, es gibt Erdbeerkuchen und Riesling-Sekt: Die Burg Crass mit ihrem schönen Garten liegt jenseits der alten Stadtmauer aus dem 14. Jahrhundert und somit etwas abseits des Trubels. Die Eltviller und ich, wir setzen uns hier gerne hin und genießen den Blick auf den dahinfließenden Rhein. Die Burg selbst, einst Freihof, heute Eventlocation, ist eines der ältesten Gebäude des heutigen Eltville. Die Atmosphäre hat manchmal fast etwas Mediterranes.

www.burgcrass.com
donnerstags bis montags geöffnet

ROSENGARTEN

Die gesamte Anlage der Kurfürstlichen Burg ist sehr oft voller Musik und Menschen. Auch ich habe im historischen Burghof schon viele Konzerte gegeben, viel schöner könnte die Kulisse dafür nicht sein. Im Burggraben, Burggarten und am Rheinufer steht im Sommer der 1979 angelegte Rosengarten immer in voller Blüte. Die Gärtner, die sich um die rund 350 Rosensorten kümmern, sind wohl sehr ausgefuchst.

Burgstr. 1, www.eltville.de

MEIN PERFEKTER TAG

Frühsport hat noch nie geschadet. Also ab ins Freibad, empfiehlt die Sängerin. Und abends ans Rheinufer

150 MORGENS

*Der beste Ort, um in den Tag zu starten: das **Freibad** mit großer Wiese und Sprungturm mit Rheinblick.*
Erbacher Str. 22, www.freibadfreunde-eltville.com

151 ABENDS

*Wenn es dämmert und der Himmel rosa schimmert, ist dies ein magischer Ort: die **Steinmännchen** am Nikolaus-Brünnchen unter einem Baumdach direkt am Rheinufer.*
Gleich neben dem Freibad

152 NACHTS

*Die **Kleine Villa Rose** im Zentrum der historischen Altstadt, inmitten von pittoresken Gassen, ist ein mit viel Liebe geführtes Hotel. Jedes Zimmer ist ganz individuell gestaltet, das ganze Haus erinnert mich an eine Puppenstube.*
Grabengasse 4
www.kleine-villa-rose.de

153 ANLEGER 511

Unmittelbar am Rhein, unweit der vorbeifahrenden Schiffe, kann man nirgends schöner sitzen als hier, in der denkmalgeschützten einstigen Schalterhalle direkt an der Eltviller Promenade. Ich mag besonders die große Terrasse mit den Sonnenschirmen. Dort esse ich gerne mal eine Bratwurst, dazu empfehle ich den hauseigenen Meerrettichsenf, der schmeckt mir ganz besonders gut. Die regionalen Weine auf der Karte sind eigentlich alle ein Genuss.

Platz von Montrichard 2
www.anleger511.de

154 KOSTBAR FEINKOST

Die Zitronentarte und dazu ein Café Bombón oder ein Glas Secco! Was vor rund 20 Jahren als Wohnzimmer-Verkauf für Olivenöl begann, hat sich schon lange zu einem grandiosen Feinkostgeschäft mit Bar und Tischen in der Sonne ausgewachsen. Man kann hier auch sehr gut snacken und ein herzhaftes Sandwich genießen. Chefin Susanne Schlier und ihre Tochter Selina sind Freundinnen von mir.

Schwalbacher Str. 6
www.kostbar-eltville.de

155 LAFELO

Auf die Boutique schräg gegenüber der »Kostbar« bin ich aufmerksam geworden, weil ich dort einen kompletten Mädelsabend verbracht habe, den kann man buchen, inklusive Sekt, Häppchen und großartiger Beratung. Aber auch an ganz normalen Tagen macht das Shoppen hier sehr viel Spaß.

Rheingauer Str. 20, www.lafelo.de

156 KIRCHENFENSTER

Ich setze mich gerne zum Abschalten ganz hinten in die Kirche St. Peter und Paul. Mit etwas Glück übt der Organist dann gerade. Egal, wie grau es draußen ist, das Licht drinnen ist immer freundlich. Und die Fenster gleichen großen Wimmelbildern, ich entdecke darauf immer wieder etwas Neues. *Kirchgasse, www.peterundpaul-rheingau.de*

FOTOS: GEORG KNOLL; KARTENILLUSTRATION: JOCHEN SCHÄFERS

Allendorf am Rhein

Genüsslich Austern schlürfen an der alten Kiesverladestelle

157

Beach-Feeling mit Industrie-Romantik hat dieses Ausflugslokal zu bieten. Auf dem Areal der ehemaligen Kiesverladestelle am Rhein finden sich neben der feinen Küche außerdem ein kleiner Strand, eine Kletterwand und ein Spielplatz, auf dem sich die Kleinen austoben können, während die Großen **Miesmuscheln und Austern** schlürfen, entweder auf den Stühlen vor der Theke oder auf gemütlichen Sofas direkt am Ufer. Betrieben wird die Location übrigens vom Weingut Allendorf, dessen Besitzer Ulrich Allendorf 2003 auch seine eigene Weinerlebniswelt eröffnete: Zwischen original Rheingauer Reben befinden sich dort etwa Aromasäulen, die Besuchern die Düfte der regionalen Tropfen näherbringen.

Oestrich-Winkel, Alte Kiesverladestelle
www.allendorf-amrhein.com

HINEIN IN DIE GUTE STUBE!

158 KLEINES GASTHAUS

Koch Christopher Jahn und seine Frau Sania sind in ihrem Haus eine Etage höher gezogen und haben ihr altes Wohnzimmer mit liebevoll gedeckten Tischen eingerichtet, die nun Gästen vorbehalten sind. Auf der Karte stehen Familienrezepte der mediterranen Küche. Unser Favorit: der Sesam-Lachs mit Risotto und Blattspinat.

Oestrich-Winkel, Rheingaustr. 18
www.kleinesgasthaus-oestrich.de

Nägler's Fine Lounge

Einst fast verloren, dann hart erkämpft: Dieses edle Hotel bleibt Familiensache

Wie auf dem Oberdeck eines Kreuzfahrtschiffes fühlt man sich in der Lounge (Foto) dieses Vier-Sterne-Hotels: Einfach in eins der gemütlichen Sofas vor der Fensterfront fallen und den Blick über den Rhein schweifen lassen. Diana Näglers Mutter eröffnete das Hotel **in einem ehemaligen Weingut,** aufgrund notwendiger teurer Investitionen musste Diana das Haus dann verkaufen, aber so stark war die Liebe, dass sie es sich nach einem Abstecher in die Tourismusorganisation Kulturland Rheingau mit ihrem Partner zurückholte. Als sie 2017 die Türen ihres frisch renovierten Hauses mit 41 Zimmern und einem großzügigen Spa-Bereich öffnete, wurde das »Nägler's« prompt zu einer der besten Hotelneueröffnungen des Jahres gekürt.

Oestrich-Winkel, Hauptstr. 1, www.naeglers-hotel.de

FÜR ECHTE ROMANTIKER

160 BRENTANOHAUS

Oestrich-Winkels größte Sehenswürdigkeit ist dieses Anwesen von 1751, das die Frankfurter Kaufmannsfamilie Brentano zur Sommerfrische nutzte. Das Haus wurde zu einem Zentrum der Romantiker – neben Clemens und Bettine Brentano war selbst Goethe zu Gast. Führungen gibt's mit der einstigen Hausherrin Angela von Brentano.

Oestrich-Winkel, Am Lindenplatz 2, www.brentano.de

FOTO: DIGIATEL/HEIBEL

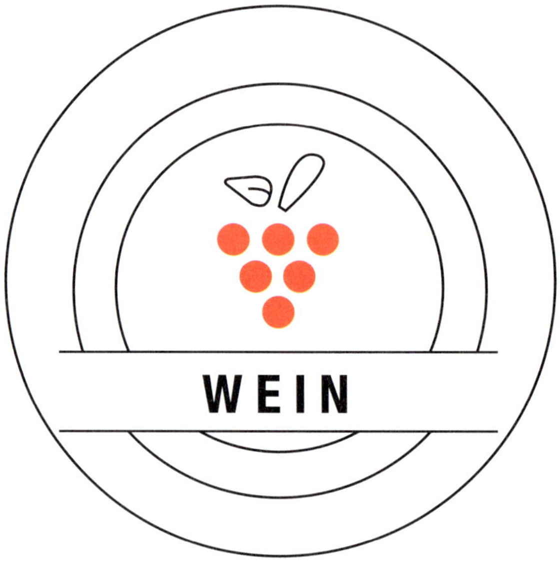

Weinbau ist in Wiesbaden und dem Rheingau eine jahrhundertealte Tradition. In steilen Lagen und kühlen Kellern werden hier herausragende Sekte und Weine produziert

WEINGÜTER

161 JOSEF SPREITZER

In ihrem Weingut in Oestrich haben sich die Brüder Bernd und Andreas Spreitzer auf Riesling fokussiert und bieten in allen Qualitätsstufen herausragende Weine. Beim Reifen setzen sie bis heute auf den Gewölbekeller von 1743, der sich direkt unter der schicken, neuen Vinothek befindet.

Oestrich-Winkel, Rheingaustr. 86
www.weingut-spreitzer.de

162 HIRT-GEBHARDT

Vor einigen Jahren ist die junge Generation der Winzerfamilie Gebhardt vom engen Weindorf Martinsthal auf den Sonnenberg ausgesiedelt. Das neue Weingut ist von Reben umgeben und nur einen Spaziergang von Eltvilles Altstadt entfernt. Am Ziel warten eine Vinothek mit großer Terrasse – und am alten Standort (Lehrstr. 11) nach wie vor der charmante Gutsausschank mit warmer Küche.

Eltville, Weinhohle 16
www.hirt-gebhardt.de

163 LEITZ

Dass auch die »New York Times« immer mal wieder über Wein aus dem Rhein gau berichtet, liegt vor allem an umtriebigen Winzern wie Johannes Leitz. Er macht in seinem 130-Hektar-Weingut zwischen Rüdesheim und Geisenheim Spitzenweine – und versteht es bestens, Menschen in aller Welt für sie zu begeistern.

Geisenheim, Rüdesheimer Str. 8a
www.leitz-wein.de

164 *Stadtwein*

HÖHN

Wein aus Wiesbaden? Klar, gibt es! Idealer Ort für eine Verkostung ist das Weingut der Familie Höhn, oder genauer: die Terrasse der dortigen Weinlounge, wo es dazu eine schöne Aussicht und warme Küche gibt.

Wiesbaden, Freudenbergstr. 200
www.weinguthoehn.de

SEKTMACHER

165 SCHLOSS VAUX

Seit über 150 Jahren widmet sich der in Berlin gegründete Betrieb der traditionellen Herstellung von Schaumwein – zuerst im lothringischen Schloss Vaux, seit 1921 in Eltville. Zu den Höhepunkten der Kollektion gehören delikate Lagensekte und reinsortige Schaumweine wie der »Rheingauer Réserve« aus Rieslingtrauben.

Eltville, Kiedricher Str. 18a
www.schloss-vaux.de

166 BARTH

Auch die stillen Weine sind von bester Qualität. Weithin einen Namen gemacht hat sich Familie Barth aber vor allem durch ihre präzise ausgebauten Sekte, für die Trauben aus biologisch bewirtschafteten Toplagen verwendet werden. Heute gehört das Wein- und Sektgut in Hattenheim zu den besten Adressen für deutschen Schaumwein.

Hattenheim, Bergweg 20
www.weingut-barth.de

ILLUSTRATION: LENA THALE

Brentanohaus

Erinnerungsort der Romantik

Das Brentanohaus in Oestrich-Winkel ist ein einzigartiger Erinnerungsort der Romantik. Hier trafen sich Vordenker aus Politik, Kultur und High Society wie Goethe, die Brüder Grimm und Freiherr vom Stein. Ihr wollt wissen, wie die Menschen damals gelebt haben? In den Räumen des Hauses gewinnt Ihr einen authentischen Eindruck der Wohnkultur des 19. Jahrhunderts.
Das Brentanohaus kann im Rahmen von Führungen besichtigt werden. Offene Führungen finden an ausgewählten Samstagen statt. Führungen für Gruppen sind nach Absprache möglich.

Am Lindenplatz 2, 65375 Oestrich-Winkel
www.brentano-haus.de
info@oestrich-winkel.de

Hotel im Schulhaus

Das Welterbe-Gastgeber Hotel

Einst drückten hier die Lorcher Kinder die Schulbank. Unter dem Motto „Große Ferien!" werden heute die Wünsche der Hotelgäste mit Lust und Leidenschaft erfüllt. Das Hotel liegt mitten im Grünen und ist Ausgangspunkt für Wanderungen auf dem Rheinsteig und den Wisper Trails. Ein nachhaltiges Konzept und die unberührte Natur – auch das gefällt den Gästen. Die Wohlfühl-Zimmer – z.T. mit Balkon / Terrasse, eines davon barrierefrei – sind stilvoll eingerichtet und perfekt ausgestattet. Gefrühstückt wird im hellen Wintergarten oder auf der Wisper-Terrasse.

HOTEL
IM SCHULHAUS

Schwalbacher Straße 41, 65391 Lorch am Rhein
www.hotel-im-schulhaus.com
info@hotel-im-schulhaus.com

Hotel Trapp

Natur - Kultur - Kulinarik

Das Hotel Trapp ist ein familiengeführtes Hotel in zentraler Lage in Rüdesheim am Rhein mit einem stilvollen Ambiente. Genießt hochwertige & regionale Produkte bei einem fantastischen und reichhaltigem Frühstücksbuffet und erlebt die Persönlichkeit & Herzlichkeit eines Familienbetriebes. Wir verstehen uns als zentralen Anker für Rheingau-Fans, Natur-Liebhaber, Wein-Genießer, Kultur-Begeisterte und Romantiker.
Natur & Kultur pur.

Kirchstraße 7, 65385 Rüdesheim am Rhein
www.hotel-trapp.de
info@hotel-trapp.de

HOTEL TRAPP
★★★S

Segway Events Rheingau

Durch die Reben schweben

Auf einem Segway schwebt Ihr durch die Reben des beliebten Rheingaus.

Unsere individuellen Touren bieten Euch Sightseeing und Fahrspaß in Verbindung mit Weingenuss.

Wir freuen uns auf Eure Anfragen, nichts ist unmöglich!

An der Schule 4, 65385 Rüdesheim am Rhein
www.ruedesheimer-segtouren.de
info@ruedesheimer-segtouren.de

Frische Torten, viele Schattenplätze und eine herrliche Aussicht auf das Herz Geisenheims: das »Café am Dom«

167

167-194 Geisenheim, Rüdesheim, Assmannshausen & Lorch

CAFÉ AM DOM · PLATTENSTÜBCHEN · BOOTSHAUS GEISENHEIM KLASSIKER · RÜDESHEIM-TOUR MIT MARESA NIETEN & THERESA BREUER · RHEINWEINWELT · SEILBAHN ASSMANNSHAUSEN WEINGUT WEILER · RHEINSCHIFFFAHRT · WISPER-TRAILS

Ganz im Westen rund um Rüdesheim liegen einige der größten Highlights des Rheingau. Und oft gleich daneben: bezaubernd ruhige Ecken – wie ein Café im Schatten eines falschen Doms

Der beste Platz am Platz

Mit dem Titel »Internationale Stadt der Rebe und des Weins« darf sich Geisenheim seit 1987 schmücken, aber auf dem Wappen der rund 13 000-Einwohner-Stadt finden sich keine Weinstöcke. Darauf ist Geisenheims Wahrzeichen zu sehen: die zwei Türme der Pfarrkirche Heilig Kreuz, die von allen nur »Rheingauer Dom« genannt wird, auch wenn in Geisenheim nie ein Bischof seinen Sitz hatte. Auf dem »Domplatz« vor der Pforte tummelt sich die Stadt: Nicht nur, weil hier jeden Freitag der Wochenmarkt stattfindet, sondern auch viele Events wie der »Soul am Dom«. Der beste Ort, um das Treiben zu beobachten, ist das **Café am Dom** der Patisserie Pretzel, zu Hause zwischen den Fachwerkhäusern direkt am Platz (Foto). Wer dort im Schatten genug Kraft getankt hat, sollte danach den Hang oberhalb der Stadt hinaufklettern, wo die für ihre Wein-Kompetenz berühmte Hochschule Geisenheim einen Lehrpfad zusammengestellt hat.
www.patisserie-pretzel.com

FOTO: GEORG KNOLL

Plattenstübchen

Probieren geht über Studieren in dieser Weinbar

Der konzentrierte Blick ins Weinglas kommt nicht von ungefähr. »Unser Fokus liegt auf Naturwein«, so das Geschäftsführer-Triumvirat Sarah Markgraf, Rachel und Emmanuel Straub. Den wollen sie den Menschen vorstellen. Die sich saisonal ändernde **Weinkarte** ist so üppig und vielversprechend, wie es sich für eine Weinbar gehört. Es gibt »Bubbles« (Champagner), »Other Bubbles« (Sekt aus Deutschland, Österreich, Spanien), »Cider«, »Rosé & Orange« (also Weißwein, der ähnlich wie Rotwein hergestellt wird), »Weiss« und »Rot«. Beliebt sind die Tastings (auch schon mal Portwein). Und der Clou: Tagsüber verwandelt sich die Weinbar in ein Café mit selbst gebackenen Kuchen und Torten. Beliebt auch: das Sonntagsfrühstück.

Geisenheim, Behlstr. 9, www.plattenstuebchen.com

ORGANIC, VEGAN, FRESH

169

ZWEI UND ZWANZIG

Auf der Karte des veganen Restaurants stehen Wraps und Burger, um die Bedürfnisse der Fast-Food-affinen Gemeinde zu befriedigen. Dazu gibt es eine abwechslungsreiche Wochenkarte, die sich jeweils am saisonalen, regionalen Gemüse- und Obstangebot orientiert. Unsere Wahl wäre heute: die Falafel Bowl.

Geisenheim, Lindenplatz 1
www.zwei-und-zwanzig.de

Bootshaus Geisenheim

Restaurants am Rhein gibt's wie Sand am Meer – aber dieses ist eine Perle

170

So nah am Wasser ist das Bootshaus gebaut, dass sich in den Räumlichkeiten einst der städtische Wassersportverein befand. Gastlichkeit hat an diesem Uferabschnitt des Rheins aber eine lange Tradition: Schon in den fünfziger Jahren wurde das Vereinsheim zum ersten Mal verpachtet, Anfang des Jahrtausends aufwendig saniert, ist es heute die Heimat des »Bootshauses« von Yvonne Stassos. Auf der Speisekarte stehen gut gemachte Klassiker wie Rumpsteak, zu empfehlen sind der Sommerliche Salat mit hauseigenem Dressing und zum Nachtisch der Griechische Joghurt, während man den Blick über den Fluss schweifen lässt – **regelmäßige Konzerte** liefern den passenden Soundtrack.

Geisenheim, Am Rheinufer 2
www.bootshaus-geisenheim.de

FOTO: GEORG KNOLL

AUFS BRETT UND IN DEN POD

171 SUP RHEINGAU

Dieser Laden bietet: Boards zur Ausleihe, geführte Touren, Kurse.

Geisenheim, Rheinuferweg 1
www.sup-rheingau.de

172 RHEINGAU 524

Übernachtet wird auf dem schrägen Campingplatz etwa in Weinschlaffässern oder Campingpods.

Geisenheim, Campingplatz 1
www.rheingau524.de

DIE KLASSIKER

Die größten Sehenswürdigkeiten des Rheingau sammeln sich rund um Rüdesheim. Mit dabei: eine legendäre Kneipenstraße, eine glorreiche Statue und ein Schlechtwetter-Park

Gut zwölf Meter misst die stolze Germania – rund ein Viertel der Freiheitsstatue in New York

173 NIEDERWALD-DENKMAL

Ob die Krone, die Germania in der Hand hält, nun für Kaiser Wilhelm I. gedacht war oder doch für das frisch geeinte Volk, lässt sich nicht eindeutig beantworten. Das 1883 eingeweihte Niederwalddenkmal sollte damals in jedem Fall das neue Deutsche Kaiserreich feiern, heute dagegen wirkt das 75 Tonnen schwere Bauwerk in seiner pompös-patriotischen Art ein wenig aus der Zeit gefallen. Die Aussicht von hier oben ist allerdings nach wie vor unschlagbar, genauso wie die bezaubernde 10-minütige Anfahrt mit der Seilbahn, die Besucher von Rüdesheim aus hinaufbringt. Die Talstation liegt ganz in der Nähe der beliebten Drosselgasse.

Rüdesheim, www.schloesser-hessen.de

FOTOS: GEORG KNOLL

DROSSELGASSE

Nur 144 Meter ist sie lang, aber einmal hindurchzuschlendern dauert in der Regel seine Zeit. Denn meistens ist Rüdesheims beliebteste Straße so von Besuchern überfüllt, dass man viel Geduld braucht. Kneipen, Souvenirläden und die wahrscheinlich größte Schnitzeldichte der Welt finden sich hier in der Drosselgasse. Am besten geht man früh, bevor es voll wird, aber gesehen haben sollte man diese legendäre Meile in jedem Fall.

Rüdesheim

BINGER LOCH

Beim Binger Loch handelt es sich nicht um eine unheimliche Vertiefung des Rheins: Es beschreibt ein Riff aus Quarzit, ein letzter Rest des Rheinischen Schiefergebirges, welches die Schifffahrt hier lange fast unmöglich machte. Nach Verbreiterungen ist die Passage der Engstelle heute nicht nur gefahrlos möglich, sondern ein hübscher Ausflug – etwa mit der »Bingen-Rüdesheimer Schifffahrtsgesellschaft«.

Bingen, Rheinkilometer 530,8
www.bingen.de

SCHLOSS JOHANNISBERG

Dieses historische Weingut verzaubert einen sofort: Weil es nicht nur jahrhundertealte Wein-Schätze birgt, sondern auch grandiose Geschichten. Das heutige Schloss war eines der ersten Klöster der Region, es wurde um 1100 von Benediktinern gegründet. Wie es in den Besitz der Familie von Metternich kam und wie es zu jenem Ort wurde, an dem die Spätlese erfunden wurde, erfährt man im Rahmen einer Weinprobe – die man am besten in Kombination mit einer Kellerführung bucht.

Geisenheim-Johannisberg
www.schloss-johannisberg.de

OSTEIN'SCHER LANDSCHAFTSPARK

Kann man einem Wald eine Dramaturgie geben? Johann Friedrich Karl Maximilian von Ostein hat im 18. Jahrhundert bewiesen: Man kann. In einem Wald über dem Rhein ließ er Holz- und Steinbauten errichten, setzte die schönsten Ausblicke in Szene, schuf Sichtachsen – und wurde zu einem Wegbereiter der Rhein-Romantik, die sich hier bis heute besonders spüren lässt.

Rüdesheim
www.welterbe-mittelrheintal.de

ABTEI ST. HILDEGARD

Die Schwestern der Benediktinerinnenabtei über Rüdesheim sind Frauen, die mitten im Leben stehen und im Dienste des Klosters weltliche Berufe ausüben. In ihrem Laden lassen sich nicht nur Weine kaufen, die Regale sind auch mit vielen weiteren Produkten des Klosters gefüllt, darunter Nudeln, Kekse oder Kräuterliköre. Die Kirche der Abtei ist frei zugänglich, danach lohnt ein Abstecher ins Klostercafé.

Rüdesheim, Abtei St. Hildegard 1
www.abtei-st-hildegard.de

Selbstbedienung: Wein to go aus dem Tresor in Walter's Weinlaube. Tolle Idee

179-186

Treffen wir uns bei uns? Theresa Breuer (l.) und Maresa Nieten …

RÜDESHEIM-TOUR MIT MARESA NIETEN UND THERESA BREUER

Schon ihre Väter haben sich um das Weingut und das Weingasthaus gekümmert. Heute sind die Töchter am Ruder. Sie überzeugen hier aber auch in der Aufgabe als Lotsinnen

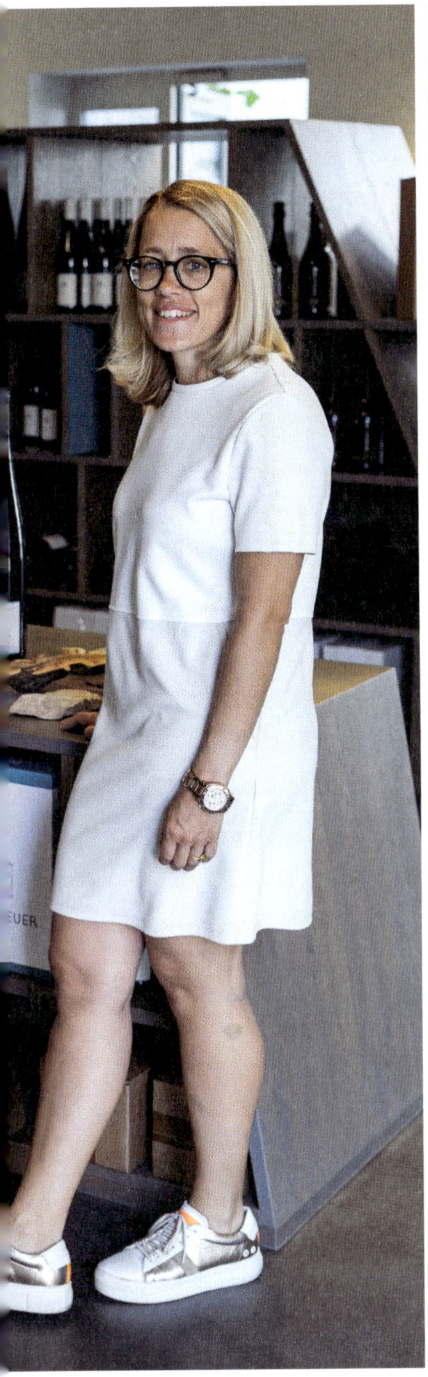

... haben die Wahl, ob sie drinnen oder draußen sitzen wollen. Schön ist es immer

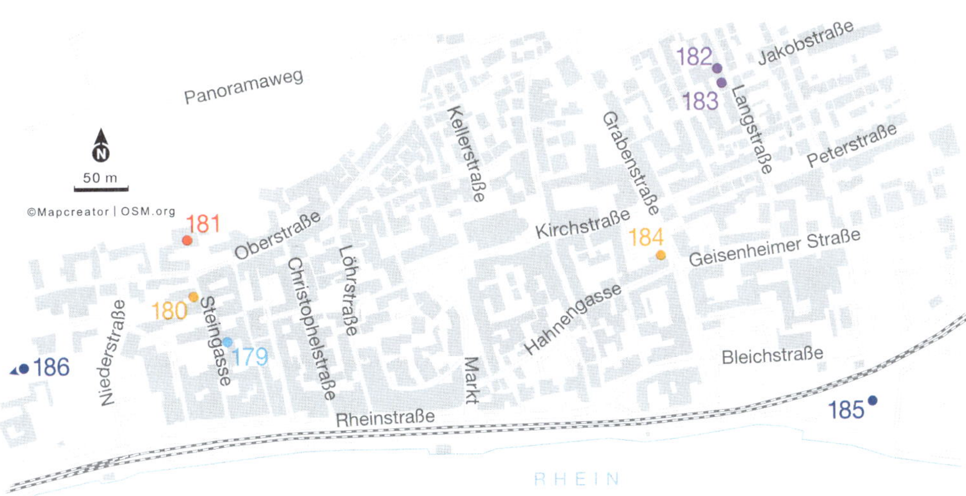

Das gibt es nirgendwo sonst auf der Welt: Siegfrieds Mechanisches Musikkabinett

179 **BREUER'S RÜDESHEIMER SCHLOSS**

Familiengeführtes Hotel. Mittendrin, aber mit ruhigem Hof. Individuelle Zimmer.

Steingasse 10, www.ruedesheimer-schloss.com

180 **GUTSAUSSCHANK WEINGUT HERBERT PHILIPP**

Superzentral, aber ruhig gelegen und beliebt bei Locals und Besuchern. Deftige Speisen, faire Preise, guter Wein.

Steingasse 13 www.wein-philipp.de

181 **SIEGFRIEDS MECHANISCHES MUSIKKABINETT**

Faszinierend ist diese Sammlung historischer, selbst spielender Musikinstrumente.

Oberstr. 29 www.smmk.de

182 **BÄCKEREI AULMANN**

Bestes Bäckerhandwerk! Vom Sauerteigbrot bis zum Prasselkuchen wird alles mit Liebe gebacken.

Langstr. 15 www.baecker-aulmann.de

Rüdesheim ist ein kleines, ziemlich internationales Nest mit einem riesigen Angebot – in dem wir beide groß geworden sind und sehr gerne leben. Georg Breuer, der dem Familien-Weingut seinen Namen gab, war unser Opa, seit 1952 führt die Familie Breuer auch das **Weingasthaus Rüdesheimer Schloss.** Schon unsere Väter haben sich um beide Betriebe parallel gekümmert, heute sind wir am Ruder, Theresa im Weingut, Maresa im Gasthaus. Das Rüdesheimer Schloss wurde 1993 um ein Hotel mit 26 Zimmern erweitert, es liegt direkt an der berühmtesten Gasse des Rheingau, der Drosselgasse. Sie hat den Stempel des Massentourismus, was sehr schade ist. Schon seit Jahrhunderten legen in Rüdesheim die Schiffe an. Die Schiffer brachten ihre Musik mit, und die mischt sich in der Drosselgasse mit unserem Wein und den Straußwirtschaften. Wir haben hier eine starke Kultur, und die feiern wir mit allen Klischees. Das Hotel in einem Haus von 1729, einem einstigen Zehnthof, hat viele Stammgäste, die bei uns mit einem Sektfrühstück in den Tag starten. Sie bekommen dann Brottüten und dürfen sich gerne eine Stärkung für Touren durch die Weinberge mitnehmen.

Der Eingang zum Hotel liegt in der sehr viel ruhigeren Steingasse – und dort gleich gegenüber treffen sich Locals wie wir gerne in einem etwas versteckten Gutsausschank: dem des **Weinguts Herbert Philipp.** Von April bis Weihnachten ist dort so gut wie immer geöffnet, und jeder fühlt sich wohl. Zum Wein gibt es etwa Fleischwurst mit Kartoffelsalat oder Eier mit Grüner Soße. Die Preise sind fair, und man wird satt!

Lange nicht so versteckt und absolut einmalig auf der Welt: **Siegfrieds Mechanisches Musikkabinett.** Gleich bei der Drosselgasse ist dieses Museum im alten Brömserhof, im 15. Jahrhundert als Rittersitz erbaut, wohl der meistbesuchte Ort in Rüdesheim – zu Recht! Mehr als 400 selbst spielende, teils jahrhundertealte Instrumente hat der Rheingauer Siegfried Wendel im Lauf seines Lebens gesammelt, seine Familie pflegt dieses grandiose Erbe von der Spieluhr bis zum Orchestrion.

Zehn Minuten einmal quer durch die Altstadt von Rüdesheim dauert der Spaziergang zur **Bäckerei Aulmann,** einem dieser Orte, wo richtig gutes Bäckerhandwerk gepflegt wird. Und für den das richtige Timing nicht unwesentlich ist: Dienstags gibt es Buttermilchbrot, an feuchten Tagen kein Sauerteigbrot. Und nachmittags ist die Brot- und Kuchentheke oft schon komplett leergekauft. Unsere Hotelgäste bekommen das Aulmann-Brot zum Frühstück, viele nehmen sich eins mit nach Hause. Auch unbedingt probieren: die Wasserwecken und den Prasselkuchen! Und dann gleich nach nebenan zu den Fleischwurstkönigen

Der Rhein, die Schiffe, ein Liegestuhl und eine Erfrischung: chillen am Weinstrand

bei der **Metzgerei Bach,** in dritter Generation hier in der Gegend, die Hauptfiliale liegt inzwischen in Assmannshausen. Hier in der Langstraße war schon unsere Oma mit uns einkaufen, wir saßen daneben und haben auf unsere Fleischwurst gewartet. Auch die Mettwürstchen und die Hirschlandjäger sind gut – und der Käse, da ist das Angebot zwar nicht so groß wie bei der Wurst, aber eine kleine, feine Auswahl gibt es. Tipp: Mit der Wasserwecke von nebenan rübergehen und sie zur Wurstwecke machen.

Unsere Oma wohnte im Stammhaus der Familie, erkennbar an den grünen Fensterläden, es liegt zwischen der Metzgerei und dem **Weingut Georg Breuer.** Dort haben wir 2017 unsere neue Vinothek eröffnet – in einem Gebäude von 1872, einer einstigen Weintankhalle. Den Industrie-Look haben also nicht wir uns ausgedacht, der hat hier eine lange Historie. Und er bietet unseren Weinen die perfekte Bühne: Auf mehr als drei Vierteln unserer 40 Hektar Rebflächen in Rüdesheim, Lorch und Rauenthal bauen wir Riesling an, wir haben aber auch Spätburgunder, Grauen Burgunder, Weißen Burgunder, Orléans und Heunisch im Sortiment. Die Verarbeitung der Trauben bis zur Abfüllung der rund 250000 Flaschen und der Verkostung in der Vinothek findet auf dem Gelände statt. Und klar, es gibt Zeiten, da arbeiten wir hier fast rund um die Uhr.

Wenn Zeit für eine längere Pause ist, dann geht es meistens zum **Weinstrand im Hafenpark,** denn dies ist der Ort, um Zeit zu verlieren. Auf der Wiese am Ufer scheint lange die Sonne, die man dann irgendwann Richtung Weinberge untergehen sieht. Dazu gibt es Weine, Snacks, Loungemusik und sehr bequeme Liegestühle. Einziger Haken: dass die ziemlich begehrt sind. Auf die Weinberge gucken, das ginge auch sehr gut, wenn man von Bingen auf der anderen Rheinseite mit der Fähre nach Rüdesheim käme. Der Blick vom Wasser auf den Rüdesheimer Berg im Sonnenuntergang hat etwas Magisches. Wo wir gerade auf die Weinberge blicken: Zwischen den Rebreihen da oben muss man auch mal unterwegs sein. Hinterm Bahnhof führen kleine Treppen auf den Rüdesheimer Berg, teils an uralten Mauern entlang. Am ersten Aussichtspunkt ist man schon in einer halben Stunde. Wer eine Weile unterwegs ist, bekommt vielleicht Lust auf ein Glas Riesling. Das gibt es bei **Walter's Weinlaube.** Es handelt sich dort um einen kleinen, in den Boden eingelassenen Weintresor, der sich mithilfe eines Personalausweises oder Führerscheins öffnen lässt. Wein und Gläser sind vorhanden, bezahlt wird per Paypal. Und wenn man von da oben auf die Schiffe blickt, die sich durchs Binger Loch kämpfen, kommt das Gefühl auf, in einer Modelleisenbahn-Landschaft zu stehen.

183 **METZGEREI BACH**

Nebenan: bestes Metzgerhandwerk in 3. Generation. Leckerste Fleischwurst.

Langstr. 13
www.bachs-metzgerei.de

184 **WEINGUT GEORG BREUER**

Theresa Breuers Weine sind preisgekrönt, sie in der Vinothek zu verkosten, ist ein Erlebnis.

Grabenstr. 8
www.georg-breuer.com

185 **WEINSTRAND IM HAFENPARK**

Liegestühle mit Rhein-Blick, Musik, Wein: ideal für den Sonnenuntergang.

Höhe Anleger Nr. 6
www.weinstrand.de

186 **WEINDEPOT ALTENKIRCH/ WALTER'S WEINLAUBE**

Gut gekühlter Wein to go aus dem Depot. Ausweis und Paypal nicht vergessen!

Rund 200 Meter westlich von Burg Ehrenfels

FOTOS: GEORG KNOLL; KARTENILLUSTRATION: JOCHEN SCHÄFERS

RheinWeinWelt

In der Vinothek von Annette Perabo warten Kostproben von über 70 Weingütern

187

In der ehemaligen Asbach-Uralt-Destillerie in Rüdesheim hat Annette Perabo eine Vinothek mit außergewöhnlicher Auswahl eingerichtet: Von über 70 Weingütern aus dem Rheingau, ergänzt durch einige aus den Anbaugebieten Mittelrhein und Rheinhessen, stehen jeweils zwei Weine zur Wahl. Die Gäste der »RheinWeinWelt« können sie nach Einwurf eines Jetons gut gekühlt aus Dispensern zapfen, die **in den Betontanks der einstigen Destille** stehen. Mit dabei sind sowohl etablierte Betriebe wie Schloss Johannisberg als auch besondere Hersteller wie das für seine Burgunder bekannte Weingut Chat Sauvage. Ein Feinkostladen, eine Weinlounge und das ambitionierte Restaurant »Bees« (www.beesrestaurant.de) ergänzen das vinophile Angebot.

Rüdesheim, Am Rottland 6, www.rheinweinwelt.de

DER GEIST LEBT WEITER ...

188 ASBACH BESUCHER CENTER & DESTILLERIE

Mit Asbach-Cola-Dosen und einer limitierten Street-Art-Edition arbeitet Asbach Uralt an einem frischen Image. Die Tradition gibt aber nach wie vor was her: 1892 in Rüdesheim gegründet, wird der Weinbrand bis heute auch dort destilliert – im Osten der Stadt, wo auch ein Besucherzentrum eingerichtet wurde.

Rüdesheim, Ingelheimer Str. 4
www.asbach.de

Seilbahn Assmannshausen

Seit 70 Jahren fährt ein gemütlicher Sessellift vom Ort hinauf ins Grüne

189

Ein luftig-leichtes Vergnügen ist die Fahrt mit der Niederwald-Seilbahn Assmannshausen. In entspannter Schrittgeschwindigkeit schweben die Zweiersessel über Reben und Wald vom Rotweinort am Rhein zum gut 200 Höhenmeter weiter oben liegenden Jagdschloss Niederwald und zurück – seit 1953! Wer Lust auf eine **nostalgische Retro-Runde** hat, wandert von der Bergstation durch den romantischen, im 18. Jahrhundert angelegten Landschaftspark zum Niederwalddenkmal und fährt mit der ebenfalls historischen Gondelbahn hinunter nach Rüdesheim. Von dort fahren Schiffe der Bingen-Rüdesheimer zurück nach Assmannshausen. Auch umgekehrt ist diese »Ring-Tour« möglich, für die es eigene Kombitickets gibt.

Assmannshausen, www.niederwaldseilbahn.de

FOTO: GEORG KNOLL

KRAUT UND REBEN

190 KRÄUTERWIRTE ASSMANNSHAUSEN

Wilder Fenchel, Knoblauchrauke, Löwenzahn: In ihren Restaurants und auf geführten Spaziergängen widmen sich in Assmannshausen drei »Kräuterwirte« den rund 30 Kräutern und essbaren Wildpflanzen, die hier neben den Reben wachsen. Auch ein Themenweg mit Infotafeln ist ausgeschildert.

Assmannshausen
www.kräuter-wirte.de

WEINGUT WEILER

Exzellenten Wein in extremen Lagen zaubert Winzerin Carolin Weiler

191

»Ich brauche keinen Sport«, sagt Carolin Weiler, während sie ihre Reben begutachtet. »Das hier ist mein tägliches Fitnessprogramm.« Weiler gehört zur jungen Generation Winzer, die die Rheingauer Weinszene aufmischt. Ihr Alleinstellungsmerkmal: Die Reben wachsen im Herzen des Mittelrheintals in Schiefer- und Quarzitböden, die sich in **Steillagen von bis zu 70 Grad** befinden. Dass sie den vom Urgroßvater gegründeten Betrieb übernahm, war eigentlich nicht vorgesehen. Weiler arbeitete zunächst als Erzieherin, aber die Trauben fehlten ihr so sehr, dass sie doch noch Weinbau studierte. Jeden Morgen freue sie sich nun auf den Tag, erzählt sie. »Es ist diese Arbeit in der Natur, im Extremen, die mich zutiefst erfüllt.«

Lorch, Weiselberg 9, www.weingut-weiler.de

DOPPELT SCHÖN

192

LORCH

Der Heimatort von Weilers Reben hat – neben tollen Weinen – zwei Höhepunkte: eine selten schöne Aussicht und eine selten schöne Fassade. Die Aussicht befindet sich an der Ruine Nollig über Lorch. Die Fassade gehört zum Hilchenhaus, erbaut im 16. Jahrhundert für eine Adelsfamilie. Heute beherbergt es die Tourist Information, eine Gaststätte und eine Vinothek.

Lorch, Rheinstr. 48
www.lorch-rhein.de

RHEINSCHIFFFAHRT

Burgen anhimmeln, Vögel zählen oder Detektiv spielen auf dem großen Strom

Wer nicht zumindest einmal über den Rhein schippert, ist eigentlich nicht richtig im Rheingau gewesen. Eine Flotte verschiedener Ausflugsschiffe, Charterlinien und Fähren tuckert über Deutschlands großen Strom – da kann es schwierig sein, den Überblick zu behalten. Die beiden Klassiker unter den Ausflugsfahrten sind die Touren zur Loreley und zu den Burgen im UNESCO-Welterbe des Oberen Mittelrheintals. Eine Institution unter den Anbietern ist die **Rössler Linie,** die schon seit Anfang des 20. Jahrhunderts Fahrgäste über den Rhein befördert und diese zwei Touren natürlich im Programm hat. Zu beiden Zielen fahren auch die Linien der **Köln-Düsseldorfer Handelsvertretung,** deren Schiffe, darunter die mit einem schönen Oberdeck ausgestattete »MS Boppard« (Foto), auf dem Weg an mindestens 15 Stationen halten, sodass man leicht ein- und aussteigen kann. Der **Charterliner** der Familie van de Lücht kreist dagegen um die Mariannenaue, die größte unter Naturschutz stehende Rheininsel, und ist deswegen besonders für Hobby-Ornithologen empfehlenswert. Aber das mit Abstand größte Angebot an Ausflugsfahrten bietet die **Bingen-Rüdesheimer-Schifffahrtsgesellschaft:** Es gibt After-Work-Cruises, BBQ- oder Fondue-Fahrten, selbst eine Tour mit Krimi-Dinner steht auf dem Programm. Sehr praktisch für Reisende, die es gerne flexibel mögen: das Rhein-Erlebnis-Ticket, das drei Tage auf all ihren Schiffen und Fähren gültig ist.

www.roesslerlinie.de, www.kd-rheinschiffahrt.de, www.charterliner.de, www.bingen-ruedesheimer.de

FOTOS: VOLKER RENNER, GEORG KNOLL

»Wir spielen in der Champions League«

Die Wanderwege rund um das nicht mal 30 Kilometer lange Flüsschen Wisper sind ein Vorbild für modernen Natourismus. Initiiert hat das Projekt Robert Carrera – wir sprachen mit ihm

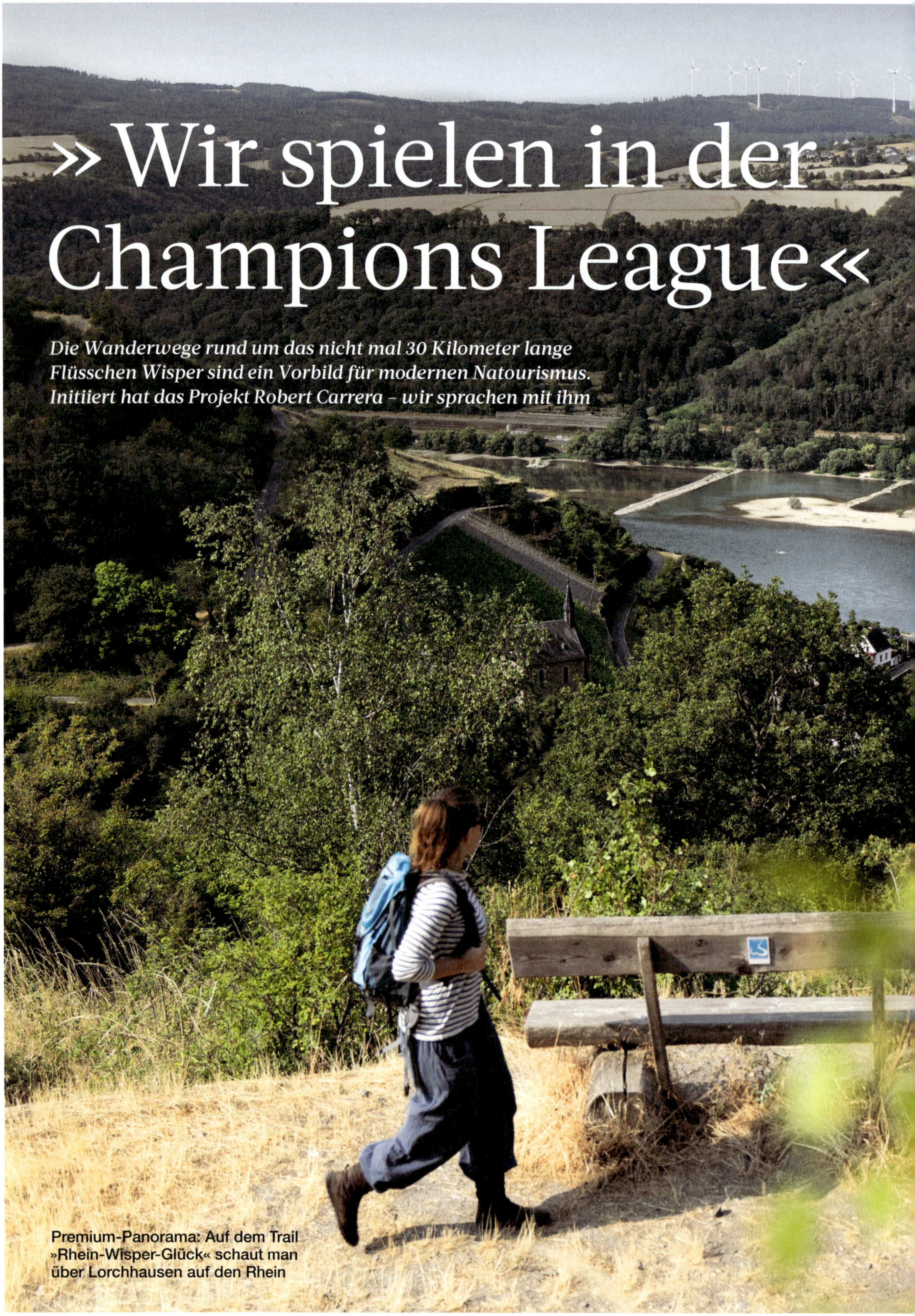

Premium-Panorama: Auf dem Trail »Rhein-Wisper-Glück« schaut man über Lorchhausen auf den Rhein

FOTOS: GEORG KNOLL, JUAN CARLOS CARRERA

194

MERIAN scout: Herr Carrera, Sie haben quasi aus dem Nichts ein Kleinod für Wanderer geschaffen. Was war der Auslöser?

ROBERT CARRERA: *Die Beobachtung des Wegbrechens von Gastronomie und Übernachtung hier in der Region – verbunden mit der großen Frage: Warum ist das so, wo es hier doch so schön ist? Dieser Teil des Taunus ist sehr wald- und abwechslungsreich und von der Topografie viel markanter als alles drumherum.*

Jetzt gibt es seit Oktober 2019 das Wisper-Wandern auf 16 Wegen über 217 Kilometer – was erwartet den neugierigen Besucher?

Mit unserem Fluss Wisper als Klammer haben wir moderne und bestens beschilderte Trails, die vom Deutschen Wanderinstitut als »Premium-Wanderweg« ausgezeichnet sind. Und das in einem geografisch in sich schlüssigem, überschaubarem Gebiet.

Wie werden die Wege angenommen?

Corona war für uns eine absolute Starthilfe, weil jeder raus in die Natur wollte und wir neu und spannend waren. Geschätzt hatten wir da rund 15000 Besucher pro Jahr, dieses Jahr werden es wohl so um die 10000 sein. Das ist immer noch gut.

Der populärste Trail?

Der »Rhein-Wisper-Glück«! Er hat die höchste Zertifizierungspunktzahl, 94 von 100. Mit ihm spielen wir in der Champions League der deutschen Wanderwege, von der Kategorie gibt es höchstens zwei Handvoll.

Welcher Weg ist für erfahrene Wanderer der attraktivste?

In jedem Fall unser längster, der Streckenwanderweg »Wispertaunussteig« über 44 Kilometer. Gedacht ist er für zwei Tage, extrem abwechslungsreich und anspruchsvoll. Am Start die Wisper noch als Bächlein, dann steile Anstiege aus den Kerbtälern heraus, spannende Schieferfelsformationen, später die Anhöhen rund um die Dörfer mit großen Weitsichten, Krüppeleichenwälder mit uralten Bäumen. Und ganz am Ende urplötzlich aus dem Wald heraus eine einzigartige Sicht auf den Rhein – wie ein Paukenschlag!

www.wisper-trails.de

Familiäre Pension, mittelalterlich anmutende Burg, liebevoll eingerichtetes Boutiquehotel: In Wiesbaden und im Rheingau findet jeder seine Lieblingsherberge

KLASSISCH

HOTEL IM SCHULHAUS

Mehr als 70 Jahre lang lernten die Lorcher in der im späten Bauhaus-Stil entworfenen Wisperschule – benannt nach dem Fluss im Ort. Auch Franziska Breuer-Hadwiger, die das Haus vor etwa zehn Jahren in ein Hotel mit 44 modern eingerichteten, in Grün- und Erdtönen gehaltenen Zimmern umwandelte. Ideal gelegen für Ausflüge ins UNESCO-Welterbe Oberes Mittelrheintal.

Lorch, Schwalbacher Str. 41
www.hotel-im-schulhaus.com 195

HOTEL ORANIEN

Klassisch-elegant ist das Design der 76 Zimmer, Suiten und Apartments in diesem Vier-Sterne-Hotel. Das 1879 errichtete Haus liegt ruhig und gleichzeitig wenige Minuten zu Fuß entfernt von Wiesbadens Zentrum. Auf der großen Terrasse, die zum Hotel-Restaurant »Linner« gehört, kann man im Sommer umgeben von viel Grün essen.

Wiesbaden, Platter Str. 2
www.hotel-oranien.de 197

HOTEL KLEMM

Kronleuchter, mal eine knallpinke Wand, mal Tapete im Zebramuster oder ein in cleanem Weiß gehaltenes Zimmer: Die fantasievolle Einrichtung dieses Boutiquehotels in einer Jugendstilvilla ist beeindruckend. Nach einem großzügigen Frühstück kann man von hier aus ausgeruht in den Tag starten.

Wiesbaden, Kapellenstr. 9
www.hotel-klemm.de 196

198 *Nostalgisch*

KARTHÄUSER HOF

Vor fast 100 Jahren das erste Lichtspielhaus im Ort, heute zeugen Filmplakate und gemütliche Samtsessel von der Vergangenheit des Hauses als Kino. Das Restaurant bietet deftige Gerichte.

Flörsheim, Karthäuserstr. 1
www. karthaus-hotel.de

EXTRAVAGANT

JAGDSCHLOSS NIEDERWALD

Nur einige Hundert Meter vom Binger Loch entfernt liegt dieser frühere Lehenshof der nahen Burgruine Ehrenfels. Heute kann man hier in stilvoll eingerichteten Zimmern entspannen. Der kleine Indoorpool wird mit Solarstrom beheizt und auch sonst legt das Haus Wert auf Nachhaltigkeit und Müllvermeidung.

Rüdesheim, Jagdschloss Niederwald 1, www.niederwald.de 199

BURG SCHWARZENSTEIN

Den mittelalterlich anmutenden Turm gibt es erst seit dem 19. Jahrhundert – er wurde auf Wunsch der Familie Mumm von Schwarzenstein errichtet, die sich hier eine Sommerresidenz bauen ließ. Heute hat man die Wahl zwischen stilvollen Zimmern und romantischen Unterkünften inklusive Himmelbett.

Geisenheim-Johannisberg
Rosengasse 32
www.burg-schwarzenstein.de 200

ILLUSTRATION: LENA THALE

Impressum

MERIAN scout erscheint in der Jahreszeiten Verlag GmbH

Harvestehuder Weg 42, 20149 Hamburg, Tel. +49 40 2717-0
Redaktion: Tel. +49 40 2717-2600, E-Mail: redaktion@merian.de, Internet: www.merian.de

HERAUSGEBER & CHEFREDAKTEUR
Hansjörg Falz

STELLVERTRETENDE CHEFREDAKTEURIN
Tinka Dippel

ART DIRECTION
Isa Johannsen

CHEFIN VOM DIENST
Jasmin Wolf

TEXTREDAKTION
Konzept: Tinka Dippel, Projektleitung: Hansjörg Falz; Antonia Aust, Kalle Harberg, Jonas Morgenthaler, Stefanie Plarre, Silvia Tyburski; Jochen Harberg (fr.), Ole Heiland (fr.), Burkhard Maria Zimmermann (fr.)

BILDREDAKTION
Violetta Bismor

LAYOUT
Tanja Schmidt

REDAKTIONSMANAGEMENT
Bodo Drazba

KAUFMÄNNISCHE ASSISTENZ
Anne Dreßel

VERANTWORTLICH FÜR DEN RED. INHALT
Hansjörg Falz

GESCHÄFTSFÜHRUNG
Thomas Ganske, Sebastian Ganske, Peter Rensmann, Arne Bergmann

PUBLISHING DIRECTOR
Oliver Voß

HEAD OF CREATION
Kolja Kahle

HEAD OF PRODUCTION & DEVELOPMENT
Bartosz Plaksa

VERTRIEBSLEITUNG
Andrea Lange (Zeitschriftenhandel)
Thomas Voigtländer (Buchhandel)

GESCHÄFTSFÜHRUNG SALES UND CONTENT SOLUTIONS
Arne Bergmann (verantwortlich für Anzeigen)

ANZEIGEN VERKAUFSBÜRO INLAND
Henning Meyer (Senior Brand Manager)
Tel. +49 40 2717-2496
Corinna Plambeck-Rose (Disposition)

Nord Jörg Slama
Tel. +49 40 22859-2992
joerg.slama@jalag.de

West / Mitte Michael Thiemann
Tel. +49 40 22859-2996
michael.thiemann@jalag.de

Südwest Marco Janssen
Tel. +49 40 22859-2997
marco.janssen@jalag.de

Süd Jonas Binder
Tel. +49 40 22859-2993
jonas.binder@jalag.de

DIE PREMIUM MAGAZIN GRUPPE IM JAHRESZEITEN VERLAG
Gültige Anzeigenpreisliste: Nr. 10
ISBN 978-3-8342-3386-8
ISSN 2627-3241
Erstverkaufstag dieser Ausgabe ist der 29.08.2023

VERTRIEB
DPV Vertriebsservice GmbH
www.dpv-vertriebsservice.de

POSTPRODUCTION
Rhapsody
Al. Armil Ludowej 14
00-639 Warschau, Polen

DRUCK UND VERARBEITUNG
Walstead Kraków
Sp. z o.o., Obronców Modlina 11
30-733 Krakau, Polen

Das vorliegende Heft ist die 24. Nummer im 5. Jahrgang.

JAHRES ZEITEN VERLAG
EIN UNTERNEHMEN DER GANSKE VERLAGSGRUPPE

FOTOS: ALLENDORF AM RHEIN, MONICA GUMM

MIT FREUNDLICHER UNTERSTÜTZUNG VON WIESBADEN CONGRESS & MARKETING GMBH SOWIE RHEINGAU-TAUNUS KULTUR & TOURISMUS GMBH

WEITERE TITEL DER JAHRESZEITEN VERLAG GMBH:
A&W ARCHITEKTUR & WOHNEN, DER FEINSCHMECKER, FOODIE, LAFER, MERIAN, MERIAN EXTRA, ROBB REPORT

200 + 1

HEIMWEH?!

Er hat zwei Staatsbürgerschaften (die deutsche und die italienische), ist mit einer Amerikanerin verheiratet und berichtet in den »Tagesthemen« von Ereignissen aus der ganzen Welt. Wegweisend für Ingo Zamperonis Lebensneugier: seine Heimatstadt Wiesbaden!

MERIAN scout: Ganz spontan: das erste Adjektiv, das Ihnen zu Wiesbaden einfällt?
INGO ZAMPERONI: *(überlegt kurz) Hügelig!*

Sind Sie noch oft in der alten Heimat?
Immer wieder, ja. Meine Eltern leben noch da und mein Bruder wieder – auf Besuch schläft meine Familie auch gern in meinem Elternhaus.

Das vorherrschende Lebensgefühl der Stadt?
Unbeschwertheit. Es ist leicht, sich in Wiesbaden wohlzufühlen. Wiesbaden hat genau die richtige Balance zwischen »nicht zu klein« und keiner Riesenstadt. Man hat das Gefühl, mit Bus oder Rad überall hinkommen zu können. Und je öfter ich jetzt nach Hause komme, desto mehr fällt mir auf, in was für einer tollen Region ich aufgewachsen bin. Wenn ich von Wiesbaden spreche, fühle ich Heimat. Meine Kindheit dort war wunderbar unbeschwert.

»Wiesbadener sind gelassene Typen«: Zamperoni ist der lebende Beweis!

Sie sind im Aukammtal aufgewachsen, in der Nähe einer Siedlung für US-Soldatenfamilien …
…und habe dort früh die amerikanische Kultur lieben gelernt. Einmal um die Ecke von zu Hause – und man tauchte in eine andere Welt ein! Gerade auch über den Sport, es gab Basketball und Baseball. An Weihnachten leuchteten die Dächer, und Halloween war hier schon ein großes Thema, als das in Deutschland noch keiner kannte. Da ist früh eine Faszination entstanden und meine Neugier an der Welt und am Erkenntnisgewinn geweckt worden.

Wenn Sie einem Fremden Ihre Heimatstadt beschreiben und nahebringen möchten, dann …
…würde ich ihm sagen: Besorg' dir ein Ticket für die Nerobergbahn, genieß' oben die Aussicht und kauf' dir, wenn es warm genug ist, später noch ein Ticket fürs Opelbad. Daran habe ich wirklich tolle Erinnerungen – mit dieser einzigartigen Sommer-Duftmischung aus Sonnenmilch und Pommes in der Nase.

Apropos: Wo gab's denn den ersten Kuss?
In Italien im Urlaub. In Wiesbaden später im Kurpark. Da war übrigens auch mein erster Wanderkindergarten. Heute noch gehe ich gerne um den Entenweiher.

… und was sollten Besucher noch alles sehen?
Ich mag den Hofgartenplatz mit seinen kleinen Fachwerkhäuschen, ein typisches Stück Hessen. Und im Wiesbadener Sommer muss man unbedingt einen Stopp beim Weinfest einlegen. Von den vielen Platz- und Straßenfesten der Stadt ist es das netteste.

Sind Sie denn als Rheingauer selbst zum Weinfreund geworden?
Unbedingt! Mein Großvater mütterlicherseits war ja Weinkommissionär. Der hat für die ganzen großen Sektkellereien wie Henkell, Kupferberg oder Söhnlein die Riesling-Rohweine eingekauft. Im Kofferraum hatte er dafür immer so einen Schlauch dabei, um Weinfässer für eine Probe und zur Messung des Oechslegrads anzapfen zu können. Und genau diesen Geruch des Most-Gärungsprozesses, den rieche ich – egal, wo ich bin auf der Welt – und bin sofort wieder im Rheingau. Über dieses Gefühl bin ich ein großer Riesling-Fan geworden.

Könnten Sie denn noch mal in Wiesbaden leben?
Man soll ja nie nie sagen. Aber geplant ist es erstmal nicht. Auch, wenn es kein Hotspot ist, bleibt Wiesbaden eine sehr lebenswerte Stadt. Und echte Heimat ist für mich immer meine Familie.

201 **SPAZIERGANG IM AUKAMMTAL**
Hier in der Nähe seines Elternhauses geht »Mr. Tagesthemen« raus auf eine entspannte Runde. Ziel ist oft die Burg Sonnenberg.
Wiesbaden, Am Schlossberg

FOTO: CHRISTIAN SPIELMANN/NDR